Rolf Kremming **Der ewige Dagobert**

Rolf Kremming

Der ewige Dagobert

Große Fälle des Berliner Gerichtspsychiaters
Werner Platz

Bild und Heimat

ISBN 978-3-95958-311-4

1. Auflage
© 2021 by BEBUG mbH / Bild und Heimat, Berlin
Umschlaggestaltung: capa
Umschlagabbildung: Chris Keller / bobsairport
Druck und Bindung: CPI Moravia Books s. r. o.

In Kooperation mit der SUPERillu
www.superillu-shop.de

Inhalt

Prolog

Gutachten sind ein wichtiger Teil vieler Gerichtsverfahren. Gutachter haben großen Einfluss auf die Verurteilung des Angeklagten. Für die Beantwortung der Frage, ob ein Täter zur Tatzeit in der Lage war, das Unrecht seines Handelns zu erkennen und nach dieser Einsicht auch zu agieren, wird oft ein Gutachter, meist ein forensischer Psychiater, hinzugezogen. Es geht um Schuld, verminderte Schuldfähigkeit oder sogar um Schuldunfähigkeit. Es geht um das Wohl und Wehe des Angeklagten. Für Dr. Werner Platz empfinde ich tiefe Bewunderung. Er ist gradlinig, besitzt Charisma, urteilt unabhängig und lässt sich nicht instrumentalisieren.

Ich sehe ihn noch vor mir. Freundliches Gesicht, Aktentasche, grauer Anzug, rote Krawatte. Das ist jetzt rund 25 Jahre her und unsere Begegnung fand in einem Moabiter Gerichtssaal statt. Dr. Werner Platz hatte im Auftrag des Gerichts ein Gutachten über eine Mandantin von mir erstellt. Sein Vortrag beeindruckte mich. Sachlich, korrekt und präzise.

Seitdem habe ich Werner Platz immer wieder als einen Gutachter mit Herzenswärme kennengelernt. Einen forensischen Psychiater, für den ein Angeklagter zwar Verfehlungen begangen hat, aber trotzdem ein Mensch ist. Ob es um die diebische Oma oder den straffälligen Jugendlichen geht, um einen Bankräuber oder einen mehrfachen Mörder – seine Gutachten verlieren nie den Bezug zu dem Menschen, der hinter den Taten steht. Er blickt stets in seinen Kern hinein.

Werner Platz ist ein Mann der leisen Töne. Wenn er ruhig, aber bestimmt seine fachliche Einschätzung äußert, gibt es keine Zweifel am Gesagten. Wird auf den Gerichtsfluren manchmal über »Gefälligkeitsgutachten« gemunkelt, ist der Name Werner Platz noch nie gefallen. Für ihn zählt einzig und allein die Frage: kriminell oder krank? Denn wir handeln nicht mit Gebrauchtwagen, sondern es geht um Menschen mit Verfehlungen und Schuld. Und genau diese Menschen sieht Werner Platz, wenn er ihnen als Gutachter gegenübersitzt. Er ist neutral, hört zu und verurteilt nicht. Werner Platz der Mediziner. Werner Platz der Primus inter pares.

Ein paar Mal trafen wir uns auch außerhalb des Moabiter Kriminalgerichts. Auf einen Kaffee gegenüber des Gerichts oder zu Spaghetti Carbonara bei einem Italiener auf dem Ku'damm. Selten redeten wir dann über Fachliches. Meist ging es um das Leben im Allgemeinen, um Philosophie, um Religionsfreiheit und um den Antifaschismus, der uns beiden sehr am Herzen liegt.

Kurz gesagt: Werner Platz ist ein Menschenfreund.

Mirko Röder
Rechtsanwalt in Berlin und ehemaliger
Hauptgeschäftsführer des Berliner Anwaltsvereins

Einleitung

Als ich Privatdozent Dr. med. hab. Werner Platz vor über zehn Jahren kennenlernte, recherchierte ich über Spielsucht. Im Laufe des Interviews kamen wir auch auf das Thema Aggressionen und Mord zu sprechen. Dazu sagte Dr. Platz: »Jeder Mensch kann zum Mörder werden.« Ein Satz, der mich verblüffte, der mich über Jahre hinaus begleitete und den ich bis heute nicht vergessen habe. Mein netter Nachbar, der täglich fröhlich pfeifend sein 3.000 Euro teures Carbonrad die Treppe hinauf- und hinunterträgt? Die hübsche Kellnerin aus meinem Lieblingscafé? Unvorstellbar. Doch wie ich heute weiß, ist es nicht unmöglich.

Werner Platz und ich sind uns in den letzten Jahren immer wieder begegnet und jede Begegnung ließ mich an den bewussten Satz denken. Bis ich ihn vor einiger Zeit fragte, ob er mir nicht ein paar seiner Fälle erzählen wolle. Daraus ist eine Serie für den *Berliner Kurier* geworden, die auch hier ins Buch einfließt.

»Jeder Mensch kann zum Mörder werden«

Werner Platz ist Arzt für Nervenheilkunde. Hunderte von Tätern haben ihm gegenübergesessen. Haben geredet oder geschwiegen. Er hat sie beobachtet, ihnen zugehört, ihre Taten nie gewertet. »Für mich gibt es kein Gut und kein Böse. Das sind nur zwei Seiten desselben Menschen.«

Ich besuche ihn in seiner Praxis in Berlin und er spricht mit mir über seine interessantesten Fälle. Einen Banker, der seinem Vermieter den Schädel spaltete. Einen achtfachen Mörder. Auch politische Täter haben sich ihm offenbart – wie Willi Stoph und Erich Mielke. Es ist ein tiefer Einblick in die Abgründe verirrter Seelen.

»Jeder Mensch kann zum Mörder werden. In jedem schläft ein Tier, das unerwartet ausbrechen kann. Niemand ist nur gut und niemand nur böse. Das sind lediglich zwei Seiten desselben Menschen.«

Privatdozent Dr. med. habil. Werner Platz ist forensischer Psychiater am Vivantes Humboldt-Klinikum Berlin und Gutachter in zahllosen Mordprozessen. Seit mehr als 30 Jahren lebt er mit dem Grauen menschlicher Tiefen. Er sitzt hinter einem Schreibtisch voller Akten, das Telefon in der linken Hand. Er lächelt, macht sich Notizen. Ein ruhiger Mann, er strahlt Verständnis und Nachsicht aus. In mindestens 3000 Seelen hat er bisher geblickt, Seelen, die mörderischer nicht hätten ticken können. Er ist einer, der nie den Überblick verliert. Er erkundet die Abgründe menschlichen Elends, unvorstellbare Fantasien und Gehirne voller Abscheulichkeiten.

Zum Beispiel der unauffällige Bankangestellte. Der freundlich und korrekt die Kunden bediente. Der ein beliebter Kollege war. Der nie Anlass zu Klagen gab. Bis er eines Tages seinem Vermieter mit einem Beil den Schädel spaltete, weil der mit der Renovierung der Wohnung nicht einverstanden war. »Immer wieder hatte der Hauswirt etwas auszusetzen. Einmal war es die Decke im Wohnzimmer, später die Scheuerleisten im Flur und als er beim dritten Mal an der Küchenwand rummäkelte, nahm der Mieter das Beil und schlug zu. So viel zu dem Thema: In jedem Menschen steckt ein Mörder. Es kommt immer darauf an, wo seine Reizschwelle liegt.«

Bei der Frage nach seinem ersten Fall muss Werner Platz glatt schmunzeln. Es war Wolfgang Neuss, einer der berühmtesten Kabarettisten Deutschlands. »Als ich ihn persönlich kennenlernte, war er kaum noch mit dem Mann auf der Bühne zu vergleichen. Der Haschischkonsum hatte seine Spuren hinterlassen. Im Gesicht und auch in seinem Geist.« Die meisten seiner Fälle allerdings sind weniger zum Schmunzeln. Er saß einem achtfachen Mörder gegenüber, sprach mit Spielsüchtigen, die Haus und Hof verloren und in die Firmenkasse gegriffen hatten. Er redete stundenlang mit einem Elternmörder, der ihm noch Jahre nach der

Verurteilung Briefe schrieb und beteuerte, wie sehr er ihn schätze.

Ganz entgegen der allgemeinen Erwartungen hat Werner Platz einen geruhsamen Schlaf. Meistens jedenfalls. »Es gibt natürlich Fälle, die gehen an meine Grenzen. Aber niemals darüber hinaus. Alles andere wäre unprofessionell. In solchen Fällen habe ich immer die Möglichkeit, mich mit Kollegen auszutauschen und mir Rat und Unterstützung zu holen.«

Sein Büro in der Psychiatrischen Institutsambulanz II liegt inmitten eines riesigen Parks, zwischen Maßregelvollzug und Flüchtlingsunterkünften in der ehemaligen Karl-Bonhoeffer-Nervenklinik. Im Volksmund »Bonnies Ranch« genannt. Die erste Irrenanstalt im Großraum Berlin wurde am 6. Februar 1880 eingeweiht und die Patienten mit Pferdewagen aus den umliegenden Krankenhäusern eingeliefert.

In der psychiatrischen Ambulanz war es heute mal wieder besonders voll. Russen, Griechen und Türken sind es, die Dr. Platz in der interkulturellen Institutsambulanz aufsuchen. Sein Team, bestehend aus fünf Ärzten und sieben Psychologen, und er kümmern sich im Haus 20 um Migranten, die oft nicht einmal die deutsche Sprache ausreichend beherrschen.

Werner Platz ist ein Mann, der selten schweigt. Der lieber den Mund aufmacht, als Gefahren unter den Teppich zu kehren. Platz will nicht nur Täter begutachten, er will auch vorbeugen und warnen. Zum Beispiel vor der immer häufiger auftretenden Spiel- und

Internetsucht und dass sich Kinder und Jugendliche regelrecht »blöd« kiffen.

Er ist ein unkonventioneller Mann, der in erster Linie an das seelische Wohl der Patienten denkt und Bürokratie schon mal Bürokratie sein lässt. So ließ er auch eine »Schummelei« durchgehen, damit ein 85-Jähriger aus Russland die Prüfung für seinen Angelschein bestand. »Angeln war sein Hobby und nur weil er nicht genug Deutsch sprach, sollte er nicht mehr am See sitzen dürfen? Das Angeln hat seinen seelischen Zustand merklich verbessert. Mehr als es jedes Medikament gekonnt hätte.«

Auch zum Fall der 15-jährigen Josi, die mit ihrem 33 Jahre älteren Onkel Gerrit H. durchbrannte, hatte Werner Platz etwas zu sagen. »Ich sehe pädophile Neigungen. Er wendet sich einem Kind ohne jegliche Schuldgefühle zu. Wir nennen das identifikatorische Wunscherfüllung. Es ist eine Art Midlife-Crisis, in der Männer so ab 45 wieder jung sein wollen und glauben, durch die Beziehung zu einem jungen Mädchen ihr eigenes Alter aufhalten zu können. Sie hält es für die große Liebe, während er sie in Wirklichkeit nur benutzt.«

Mit zwölf wusste der Berliner Kaufmannssohn, dass er Arzt werden wollte. Doch nach dem Abitur lernte Werner Platz erst einmal Drogist. Danach ein Medizinstudium. Anschließend ging er für fünf Jahre nach England und erforschte neue Anwendungsgebiete von Antibiotika. Dann die Doktorarbeit über Mund-, Kiefer- und Gesichtschirurgie. »Für mich war es immer wichtig, auch über den Tellerrand des eigenen Fachs zu schauen. Wer ein breites Wissen hat, versteht Zusammenhänge besser. Doch mein Herz schlug damals schon für die Psychiatrie.« Später Facharztausbildung zum Psychiater und Neurologen und Weiterbildung zum Forensiker.

Platz' Spezialgebiet ist die transkulturelle Psychiatrie. »Neben den ererbten Eigenschaften hat die Umwelt einen großen Anteil an der Entwicklung eines Menschen. Ein Moslem hat andere Ansichten über die Ehe und über Frauen als ein Deutscher«, sagt er. »Das soll auf keinen Fall Ehrenmorde entschuldigen. Aber vielleicht zu besserem Verständnis beitragen. Die russische Seele tickt anders als die skandinavische, die griechische wieder anders als die afghanische. Mir ist es wichtig, den Menschen in seinem kulturellen Umfeld zu sehen und zu verstehen. Vietnamesen fühlen sich schneller allein und suchen Gruppenkontakt. Deshalb neigen Täter aus dieser Volksgruppe auch eher zur Bildung einer kriminellen Vereinigung. Bande heißt für sie Schutz. Und Schutz bedeutet ein angstfreieres Leben.«

Es ist kurz nach 21 Uhr. Werner Platz hat sich die Krawatte abgebunden und auf einen Bügel in den Schrank gehängt. Er ist der Letzte, der das Haus verlässt. Wie so oft.

Der ewige Dagobert

Es war ein ungemütlicher Novembertag im Jahr 1994. Ein Tag, den man am liebsten mit einem guten Buch im Bett verbringen möchte. Dr. Werner Platz machte sich schon früh auf den Weg von seinem Büro in der Karl-Bonhoeffer-Nervenklinik zum Haus V. Hundert Meter Fußweg durch Nässe und Nebel. Hundert Meter, in denen er noch einmal den Fall des Patienten durchging, der ihn erwartete. Laut Anklageschrift der Staatsanwaltschaft des Landgerichts Berlin war der zu Begutachtende wegen Erpressung und Herbeiführung einer Sprengstoffexplosion angeklagt. Arno F. hieß der Mann, 44 Jahre alt, von Beruf Plakatmaler. Viermal hatte er Arno F. schon in der Untersuchungshaftanstalt Moabit besucht und drei weitere Male würden es noch werden.

»An diesem Morgen war ein leistungsorientiertes testpsychologisches Untersuchungsverfahren angesetzt. Um eine störungsfreie Atmosphäre zu gewährleisten und äußere Beeinflussungsfaktoren so gering wie möglich zu halten, fand das Gespräch in der Klinik statt.«

Kurzer Rückblick. Arno F., besser bekannt als Dagobert, war der Liebling der Berliner. Seine Art, die Polizei an der Nase herumzuführen, gefiel den Menschen. Er war zwar kein moderner Robin Hood, aber was er tat, löste Hochachtung und Bewunderung in der Bevölkerung aus. Dabei waren seine Taten ziemlich kriminell. Dass bei den Sprengstoffanschlägen keine Menschen zu Schaden kamen, war mehr dem Zufall zu verdanken. Er selbst versicherte vor Gericht und bei der psychiatrischen Begutachtung, dass er immer darauf geachtet habe, dass niemand verletzt würde. »Seine Beteuerungen erschienen mir glaubhaft«, erklärt Dr. Werner Platz.

Es war der 1. November 1994, zehn Uhr morgens, als Werner Platz dem gelernten Plakatmaler Arno F. in der Karl-Bonhoeffer-Nervenklinik in Berlin-Reinickendorf gegenübersaß. Der Blick aus dem Fenster war nicht eben erheiternd. Aber im Gegensatz zu den Gesprächen in der U-Haftanstalt Moabit gab es hier wenigstens Kaffee. Guten Kaffee sogar, wie sich Werner Platz erinnert.

»Ich wartete im ersten Stock, als Herr F. von zwei Sicherheitsbeamten hereingebracht wurde. Soweit ich mich entsinne, trug er Jeans, Pullover und eine Jacke. Er sah aus wie die Hälfte aller Berliner Männer. Wäre ich ihm auf der Straße begegnet, es hätte der nette Nachbar von nebenan sein können.« Dass er genau dies nicht war, stand in der Anklageschrift des Landgerichts.

1988 habe Arno F. vom Berliner Kaufhaus des Westens (KaDeWe) 500.000 D-Mark erpresst. Als das Geld verbraucht war, habe er dann als Dagobert zwischen 1992 und 1994 einen Brand- und fünf Sprengstoffanschläge verübt und 1,4 Millionen D-Mark vom

Karstadt-Konzern gefordert. Mehrmals habe er sich erfolglos mit der Polizei zur Geldübergabe verabredet.

»Ich habe ihn von Beginn an als sehr kooperativ erlebt. Allerdings benötigte er für die Beantwortung der standardisierten Fragen länger als normal«, erzählt Werner Platz. »Während des Leistungstests wirkte F. angespannt und schien unter Leistungsstress zu stehen.«

Obwohl er hätte rauchen dürfen, tat er es nicht. Er wolle den Zigarettenkonsum einschränken und auch in seiner Zelle rauche er grundsätzlich nicht. Höchstens einmal beim Freigang auf dem Hof, wenn ihm jemand eine Kippe anbieten würde, erklärt er dem Gutachter und der anwesenden Psychologin.

»Seine Erinnerungen an die Kindheit beschränken sich auf Kinderkrankheiten wie Ziegenpeter und Masern. Und darauf, dass er sich oft vorgestellt hatte, wie es wäre, tot zu sein und nichts mehr zu hören und zu sehen. Vor acht Jahren habe er einen Hörsturz gehabt und fast zur selben Zeit auch Magenbluten bekommen. Als er seine Frau kennengelernt und die Ernährung umgestellt habe, wäre es ihm besser gegangen.« Im Untersuchungsgefängnis bekäme er nur Weißbrot und leide unter Sodbrennen. »Er schilderte, dass er in der Haft einen Gesichtsfeldausfall hatte. Plötzlich sei rechts was weg gewesen. Buchstaben habe er nur noch löchrig wahrgenommen und nicht mehr erkennen können. Das habe ihm Angst gemacht. Ganz schlimm war es, als der halbe Tisch aus seinem Gesichtsfeld verschwunden war und die Tasse, die auf dem Tisch gestanden hatte, mit einem Mal nicht mehr da war.« Die ärztliche Untersuchung ergab keinen organischen Befund.

Nach einer Pause von 20 Minuten, in denen F. mit seinen beiden Bewachern vor das Haus ging, sich die Füße vertrat und frische Luft atmete, setzte Werner Platz die Exploration fort. »Er schilderte mir, dass er vor 1988 psychisch sehr kaputt gewesen sei und viel Alkohol getrunken habe. Oft eine ganze Flasche am Abend. Sein Leben war damals aus den Fugen geraten. Er habe oft daran gedacht, mit einer Pistole russisches Roulette zu spielen, weil seine Kräfte immer mehr schwanden. Und er habe Angst gehabt, kein Geld mehr zu haben und zum Sozialfall zu werden.«

Das war der Augenblick, in dem Arno F. die Idee entwickelte, das KaDeWe mit einer Bombendrohung zu erpressen. Nachdem er die Sache erfolgreich durchgezogen hatte, stellte er allerdings fest, dass es ihm in keiner Weise besser ging. »Ich war nun um eine halbe Million reicher, aber ich fühlte mich wie in Watte gepackt. Ich war in einem Zustand, in dem ich keine Gefühle mehr hatte. Mein räumliches Vorstellungsvermögen war so gut wie weg und mein Gedächtnis ließ mich oft im Stich. Ich konnte mir noch nicht einmal mehr die einfachsten Sätze aus der Zeitung merken. Ich wurde depressiv, alle Emotionen waren gekappt.« Es fiel F. sichtlich schwer, über seine Schwierigkeiten zu sprechen.

»An dieser Stelle habe ich ihm noch einmal klargemacht, dass ich als Gutachter nicht über Schuld oder Unschuld zu entscheiden habe. Meine Aufgabe ist die Begutachtung seiner Persönlichkeit und ob er für seine Taten aus medizinischer Sicht verantwortlich sei.«

F. stützte den Kopf in seine Hände und schwieg. Er war erschöpft.

»Das erlebe ich bei vielen meiner Patienten. Sind sie erst einmal so weit, über ihr Leben zu reden, stellen sich Erschöpfung und Erleichterung gleichermaßen ein.«

Auch bei Arno F. war das der Fall. Die medizinischen Berichte in seiner Akte waren alle ohne Befund. Die Ärzte, die er aufgesucht hatte, konnten entweder mit ihm »nichts anfangen« oder verschrieben ihm Tabletten. Doch dann stutzte Werner Platz. Arno F. hatte ihm geschildert, dass er jahrelang mit Lackfarben zu tun gehabt und täglich die Dämpfe eingeatmet habe. Die Kunden hätten es nie länger als fünf Minuten in dem Raum ausgehalten und ihm selbst sei oft schlecht geworden. Er habe Probleme mit dem Aufstehen gehabt und sei oft wieder hingefallen. Die Kraft in seinen Fingern habe merklich nachgelassen und er habe nicht mehr klar denken können.

»Sein Zustand, seine Depression und seine Gedächtnisstörungen hatten aus meiner Sicht viel mit den ständigen Lack- und Lösungsmitteldämpfen zu tun. Bei speziellen Untersuchungen stellten sich meine Vermutungen auch als richtig heraus.«

Die Persönlichkeitstests lieferten unterschiedliche Ergebnisse. Zum einen lag Arno F. mit einem IQ von 120 weit über der Norm. Nur zehn Prozent der Gleichaltrigen schneiden besser ab. Und dass, obwohl er als Schüler in der dritten und sechsten Klasse sitzengeblieben war. Beim Selbsteinschätzungstest allerdings lag er unter der Norm. »Trotz seiner zeitweise ausgelebten kriminellen Energie fühlt er sich stark an konventionelle Umgangsformen gebunden. Er ist introvertiert, hilfsbereit, strebt nach Harmonie und weicht Konflikten deshalb gerne aus. Stattdessen bagatellisiert er unangenehme Situationen und fühlt sich schnell schuldig und verantwortlich für das Wohlergehen anderer. Er ist selten in der Lage, seine eigenen Wünsche durchzusetzen.«

Doch Gespräche und medizinische Untersuchungen sind nur ein Teil, der zum Ergebnis einer Begutachtung führt. »Die Beobachtung des Patienten ist ein wichtiges Werkzeug bei meiner Arbeit«, erklärt Werner Platz. »Wie ist seine Mimik, wohin wandern seine Blicke, wie ist die Körperhaltung? Sein depressiv verstimmtes Verhalten zeigte sich in seiner gesamten Körpersprache. Selten saß er aufrecht, eher gebeugt und eingesunken. Auch seine leise Stimme, die immer wieder stockte, deutete auf eine Depression hin.«

Als Arno F. über die Phase nach der erfolgreichen KaDeWe-Erpressung sprach, trommelte er mit den Fingerspitzen ununterbrochen auf die Tischplatte. Das Geld hatte er in den vier Jahren für Reisen mit Freunden und Essen in guten Restaurants ausgegeben. Jetzt war er pleite und befand sich in der gleichen Lebenssituation wie damals.

»Ich sah keinen anderen Ausweg, als wieder kriminell zu werden.« Die Folge waren ein Brand- und fünf Sprengstoffanschläge auf Karstadt-Häuser in Hamburg, Bremen, Hannover, Magdeburg, Bielefeld und Berlin mit der Forderung nach 1,4 Millionen D-Mark. »Arno F. beteuerte immer wieder, er habe nie jemanden verletzen wollen. Er sei kein Freund von Bomben. Aber er sah keine andere Lösung mehr. Ich glaubte ihm. Aber es ist auch ein Teil seines Wesens, unangenehme Sachverhalte auszuklammern. Der Tunnelblick für seine Lebenssituationen ließ keine anderen Möglichkeiten zu. Er hatte zwar Skrupel, sah aber keine Alternativen.«

Nach den Anschlägen jagten ihn 600 Polizisten und er hatte keine Sekunde mehr Ruhe. Die Hoffnung auf eine schnelle Lösung seiner Geldsorgen rückte in weite Ferne. Als die Handschellen klickten, spürte F. so etwas wie Erleichterung. »Im Knast wurde ich von meinen Mithäftlingen mit Applaus empfangen. Ich spürte aber auch, wie weit ich vom wirklichen Leben entfernt war.«

Im Abschlussgutachten von Werner Platz heißt es: »Es ist anzunehmen, dass es bei Herrn F. durch das Einatmen von Lösungsmitteldämpfen zu Verhaltensänderungen mit emotionaler Beeinträchtigung und erheblicher Minderung der Hemmungsfähigkeit zum Zeitpunkt der Taten gekommen ist.«

Arno F. ist heute wieder ein freier Mann und arbeitet als Cartoonist für das Satireblatt *Eulenspiegel* und als Maler. Vor ein paar Monaten trafen sich Dr. Platz und Dagobert zufällig in einem italienischen Restaurant.

»Er erzählte mir, dass es ihm gutginge und er im Rückblick auf sein altes Leben festgestellt habe, er wäre damals eine fremde Person gewesen.«

In geheimer Mission

Es sah aus wie bei Biedermanns. Dunkle Schrankwand, dezente Tapete, Sofa, Sessel, Tisch, Stehlampe. In der Diele eine Garderobe, vor dem Haus ein Blumenbeet und Rasen. Sieht so das Zuhause eines Spitzenagenten aus? Dr. Werner Platz war überrascht. Irgendwie hatte er sich die Wohnverhältnisse des ehemaligen DDR-Agenten Günter Guillaume anders vorgestellt.

»Herr Guillaume öffnet mir die Tür, bat mich höflich herein. Kaffee, Zucker und Milch standen schon auf dem Tisch.«

Es war der 2. Mai 1994. Ein strahlender Tag mit sommerlichen Temperaturen. Werner Platz war in seiner Eigenschaft als Gerichtsgutachter nach Eggersdorf bei Berlin gefahren.

»Ich sollte im Auftrag des 4. Strafsenats des Oberlandesgerichts Düsseldorf ein psychiatrisch-psychologisches Gutachten über Günter Guillaume erstellen und seine Reisefähigkeit nach Düsseldorf feststellen.«

Guillaume war als Zeuge im Strafverfahren gegen seinen ehemaligen Führungsoffizier beim Ministerium für Staatssicherheit, Dr. Kurt Gailat, geladen und sollte über seine Verratstätigkeit zum Nachteil der Bundesrepublik Deutschland, insbesondere im Bundeskanzleramt aussagen.

»Herr Guillaume zeigte sich sehr bereitwillig und

war bemüht, meine Fragen zu beantworten. Er war allerdings in seiner Kommunikationsfähigkeit eingeschränkt und hatte Mühe, bei einem einmal angesprochenen Thema zu bleiben. Er war assoziativ leicht ablenkbar. Ganz im Vordergrund standen für ihn sein körperlicher Gesundheitszustand und seine schlechte seelische Verfassung. Mit den Gedanken war er oft bei einer bevorstehenden Operation und den damit verbundenen Ängsten.«

Guillaume hatte nämlich zwei Stunden zuvor erfahren, dass der Herzspezialist Prof. Dr. Hetzer ihn im Deutschen Herzzentrum Berlin (DHZB) operieren werde.

»Guillaume war sehr aufgeregt und hatte Schluckbeschwerden. Dies sei für ihn nicht neu, weil er diese Art von Beschwerden schon von früher her kenne. Sie hätten sich schon als Verboten seines Herzinfarkts und Schlaganfalls nach der letzten gerichtlichen Vernehmung eingestellt.«

Guillaume war ein ruhiger Mann. Er schwieg viel und seine Antworten kamen jedes Mal mit leichter Verzögerung. Es war fast so, als müsse er sich erst innerlich sammeln und die Puzzleteile zu einem Ganzen zusammensetzen.

»Gestern habe ihn sein Anwalt aufgesucht und er wäre immer noch ganz aufgewühlt. Genauso erging es ihm auch, als er vor einigen Tagen die Sendung ›Talk im Turm‹ gesehen habe. Was Jugendministerin Merkel da zum Cannabis-Beschluss des Bundesverfassungsgerichts von sich gegeben habe, habe ihn sehr aufgeregt. Er könne sich solche Sendungen nicht mehr bis zum Ende anschauen und vermeide es sogar oft, den Fernseher überhaupt anzuschalten oder Zeitungen zu lesen«, erklärte er. Früher sei alles anders gewesen. Da hätten ihm diese Dinge nichts ausgemacht. Da habe er alles lesen und aufnehmen können. Die Veränderung träfe ihn schmerzlich. »Meine Frau ist Krankenschwester und sie sorgt dafür, dass ich mich von solchen Themen fernhalte. Und sie sorgt auch dafür, dass ich bei Aufregung mein Asthma-Sprühzeug zur Verfügung habe. Ich benötige in der Regel mindestens einen Hub täglich.«

Während des Gesprächs klingelt es an der Haustür und der Postbote bringt einen Brief mit Gerichtsunterlagen.

»Herr Guillaume war sichtlich erregt. Seine Mundwinkel zuckten und die Hände zitterten. Er legte den Umschlag auf den Tisch und war nicht in der Lage, ihn zu öffnen und zu lesen. Dann wechselte er abrupt das Thema und sprach von der Gefäßerweiterung, die Professor Fleck vom DHZB zwei Jahren zuvor an ihm vorgenommen hätte. Die Durchblutungsminderung sei dadurch von 90 Prozent auf 30 Prozent zurückgegangen.«

Nervös trommelte Guillaume mit den Fingerspitzen auf die Tischplatte, schob den ungeöffneten Brief nach links, nach rechts, nahm ihn in die Hand, als wolle er ihn nun doch öffnen. Dann legte er den Umschlag wieder exakt an die gleiche Stelle zurück, an der er gelegen hatte.

Wie kommt es, dass ein Mann, der jahrelang im Kanzleramt spioniert, der die Weltpolitik beeinflusst und zum Sturz von Willy Brandt beigetragen hatte, so extrem nervös sein konnte? Er war Offizier im besonderen Einsatz gewesen. Ein Mann mit eisernen Nerven, hochdekoriert, Held im sozialistischen Lager. Als er gemeinsam mit seiner damaligen Ehefrau Christel 1981 im Rahmen eines Agentenaustauschs in die DDR zurückkehrte, wurde er offiziell als »Kundschafter des Friedens« gefeiert, erhielt den Karl-Marx-Orden und wurde zum Oberst im MfS befördert. Er war der Stargast zahlreicher MfS-Agentenschulungen und wurde Ehrendoktor der Rechtswissenschaften.

Jetzt, mit 67 Jahren, war der James Bond der DDR nichts weiter mehr als ein alter, ängstlicher Mann, bei dem sich alles um seine angeschlagene Gesundheit drehte. Auch die ständige Sorge um seine Ehefrau, die gegen Hautkrebs kämpfte, ließ ihn nicht zur Ruhe kommen.

»Sie ist doch sozusagen meine Ernährerin und ich habe Angst, dass man uns das Haus wegnimmt. Ich habe damals 200.000 Mark bezahlt. Das war für DDR-Verhältnisse ein hoher Preis.«

Abrupt wechselte er wieder das Thema und berichtete von seiner siebeneinhalbjährigen Haft, den damit verbundenen psychischen Belastungen und seinem Bluthochdruck, den er seit dieser Zeit habe. Er erzählte, wie viel er unter den 500 Gefangenen in der Haftanstalt Rheinbach erduldet und einen Magendurchbruch erlitten habe. In einer Notoperation wurden ihm zwei Drittel des Magens entfernt.

»Er verlor sich bei seinen Erzählungen in Einzelheiten, dass er seitdem Diät halten müsse, regelmäßig den Blutdruck kontrolliere und die Pulsschläge täglich aufzeichne. Über seine Krankheiten zu sprechen, tue ihm gut, beteuerte er immer wieder. Zwischendurch weinte Herr Guillaume oft. Er lebe mit der ständigen Angst vor einem neuen gesundheitlichen Ereignis. Angst sei insgesamt sein ständiger Begleiter. Es gab sogar Zeiten, da hieß es, die RAF wolle ihn entführen.«

Guillaume stand immer wieder auf, lief durchs Zimmer, um sich, wie er erklärte, die Beine zu vertreten und die trüben Gedanken loszuwerden. Er traue sich auch kaum noch, das Haus zu verlassen. Der Versuch, sich mit seiner Enkeltochter zu beschäftigen, sei bereits nach zwei Wochen gescheitert. Und wieder weinte Günter Guillaume.

»Ich war mit ihr völlig überfordert und habe mit dem Kind ständig geschimpft. Sie hat mich mit einem der aggressiven Jungs in ihrer Klasse verglichen.«

Nur wenn Guillaume von den Nachbarn und den Leuten im Dorf erzählte, lächelte er. Dann blühte er auf, geradeso, als hätte es die politische Wende nicht gegeben und er wäre immer noch der Held von früher.

»Sie sind alle sehr freundlich zu mir. Wenn ich vom Einkaufen komme, werde ich oft gefragt, wie es mir gehe, und ich habe das Gefühl, dass ich in ihren Augen immer noch ein Großer bin.«

Für Dr. Werner Platz bot sich folgendes Bild: Günter G. wirkte sehr sensibel und empfindlich. Bei Aufregung bekam er ein Kloßgefühl im Hals und wurde kurzatmig. Er litt unter ausgeprägten Wortfindungsstörungen und Schluckbeschwerden. Er grübelte vermehrt über seine Zukunft nach. Er litt unter Rücken- und Nackenschmerzen, hatte zwölf Kilo abgenommen, wäre ständig müde und schlafe schlecht.

»Während das Gespräch dem Ende zuging, fing der Mann erneut an zu weinen. Er schilderte mir seine Angstgefühle, ohne einen konkreten Grund dafür nennen zu können. Alles wäre so diffus. Früher wäre er auf Harmonie bedacht gewesen, heute dagegen sehr ungeduldig. Er merke das zwar, könne aber nichts dagegen tun.«

Auf die Frage von Dr. Platz, ob er lebensmüde sei, erklärte Guillaume, er habe sich in letzter Zeit gedanklich häufig mit Selbstmord beschäftigt. »Das Einzige, was gegen das ständige Grübeln und gegen die schwarzen Gedanken hilft, ist Radiohören.«

Das Gutachten von Werner Platz über Günter Guillaumes Gesundheitszustand belegte unabhängig von dessen äußerem Erscheinungsbild das vorherrschende Gefühl von Schwermut mit zeitweise auftretenden Angstzuständen, verbunden mit Atemnot. Sein subjektives Erleben sei stark beeinflusst durch die Empfindung der »Gefühllosigkeit«. Alles spreche für

eine organische Persönlichkeitsstörung mit einer ausgeprägten depressiv-ängstlichen Symptomatik.

»Deshalb kann ich einer Reise zur Vernehmung
nach Düsseldorf aus neurologisch-psychiatrischer
Sicht nicht zustimmen«, schloss Platz seinen Bericht.

Der Mann mit dem Sheriff-Hut

Gerichtsgutachter Werner Platz sitzt an seinem Schreibtisch. Der letzte Patient hat das denkmalgeschützte Haus auf dem Gelände der ehemaligen Karl-Bonhoeffer-Nervenklinik verlassen. Es ist kurz nach 21 Uhr. Platz genießt die Ruhe und schaut auf die Bilder, die ihm ehemalige Patienten gemalt haben. Er freut sich über den grünen, bemalten Bauernschrank. Auch dieser ein Geschenk von einem früheren Patienten.

»Es ist immer wieder eine Freude zu erfahren, dass sich Menschen bei mir gut aufgehoben fühlten. Manch einer kommt unverhofft vorbei, um mir stolz zu erzählen, dass er nicht wieder straffällig geworden sei. Leider gibt es aber auch diejenigen Fälle, die nicht so gut ausgehen.« Dabei denkt er an den Mann, der sich einen Tag vor dem Prozess in der Zelle erhängte. Oder an die unzähligen Menschen, die durch Alkohol- oder sonstigen Drogenkonsum nicht mehr Fuß fassen konnten im Leben.

Die wenigen Minuten Pause, die er sich gegönnt hat, sind vorbei. Platz blättert in dem vor ihm liegenden Bericht. Was er liest, hört sich für Außenstehende grausam an. Das Verbrechen liegt rund 40 Jahre zurück. Es ist die Geschichte von Wolfgang F., geboren am 2. März 1948 in Süddeutschland.

»Herr F. sollte zur Frage untersucht werden, ob von

ihm aus nervenärztlicher Sicht außerhalb des Straf-
vollzuges keine Gefahr ausgeht.«

Rückblende: 10. Januar 1971, Sonntag, einen Tag vor
Vollmond. Ein Dorf in der Nähe von Eckernförde. Es
war kalt. Schnee lag auf den Straßen. Der Mörder kam
um drei Uhr nachts. Mit Sheriff-Hut, Gesichtsmaske
und Handschuhen. Zuvor hatte er seine erst 15-jährige
Freundin bei ihrer Oma abgesetzt, noch eine Zigarette
geraucht. Aus dem Autoradio klang Miguel Ríos' Hit
»A Song of Joy«, ein Neuarrangement von Beethovens
»Ode an die Freude« anlässlich des 200. Geburtstags
des Komponisten.

Dann holte der Mann mit dem Sheriff-Hut das Ge-
wehr aus dem Kofferraum und betrat das Haus seiner
Schwiegereltern. Trotz der Verkleidung erkannte Annette C. ihn als ihren Schwiegersohn und sprach ihn
mit Namen an. »Warum tust du das, Wolfgang?«, fragte sie und flüchtete im Nachthemd.

Wolfgang F. holte sie zurück und schoss ihr in Brust
und Kopf. Als er ging, ließ er ein Blutbad zurück, das
selbst die erfahrenen Kripobeamten blass werden ließ.
Ein durch Kopfschuss getötetes Kleinkind im Kinder-
wagen, der 71-jährige Rentner Wilhelm C. und seine
Ehefrau Annette (59), getötet durch Brust- und Kopfschüsse. Zwischen den Toten im Bett lag ein verängs-
tigter dreijähriger Junge und weinte. Im Nebenzimmer
stöhnten drei Schwerverletzte. Die Ehefrau des Täters,
seine Schwägerin und Renate, seine zweite Tochter.

Die Beute des Mörders: 1.600 Mark. Das Ersparte seiner Schwiegereltern. Nach dieser Tat fuhr er ins 70 Kilometer entfernte Flensburg, nahm eine Anhalterin mit, trank zwei Cola mit Rum und fuhr in seine Einzimmerwohnung am Rande von Flensburg, wo er drei Stunden später verhaftet wurde. Bei der Festnahme brach er in Tränen aus, spielte den Erschütterten.

»Ich weiß nicht, warum ich das getan habe«, sagte Wolfgang F. später im Prozess. Dann aber gab er zu, dass er sich seiner Familie hatte entledigen wollen. Er hätte sich schon lange überlegt, wie er sie loswerden könnte. Wegen der Aussichtslosigkeit des Verhältnisses zu seiner neuen Freundin hätte er auf seine Frau und die Kinder schießen wollen. Seinen Sohn Steven hätte er verschont, ihn hätte er später zu sich nehmen wollen.

In dem ersten Gutachten zum Prozess hieß es: »Herr F. lernte frühzeitig, ohne Lebensplanung seinen Lust- und Unlustgefühlen nachzugeben, und reagierte auf Beschneidung seiner Wünsche ärgerlich. Herr F. zeigt eine auffällige Persönlichkeitsstruktur, die als abnorm bezeichnet werden kann, aber ohne Krankheitswert ist.« Dreimal lebenslänglich!

Gute Führung im Knast, die ersten Freigänge. Dann klaute er ein Auto. Gemeinsam mit Komplizen brach er in mehrere Häuser ein. Zum Urteil dreimal lebenslänglich kamen noch einmal sieben Jahre wegen gemeinschaftlichen Raubes in drei Fällen hinzu. Nachdem F. gegen seinen Zellengenossen und die anderen

Mittäter ausgesagt hatte, wurde er bedroht. Aus Sicherheitsgründen wurde er von der Justizvollzugsanstalt (JVA) Celle in die JVA Tegel verlegt. Im Knast lernte er Maler. Die Anstalt stellte ihm ein Zeugnis aus, über das jeder Geselle erfreut gewesen wäre.

Bevor ihm Werner Platz am 4. Juni 2012 in der JVA Tegel gegenübersaß, hatte er vier Ordner über den Fall gelesen.

»Herr F. hatte den Antrag auf vorzeitige Entlassung gestellt.« Er saß zu dieser Zeit schon mehr als 40 Jahre hinter Gittern. Ein halbes Leben ohne Liebe, ohne Urlaub, ohne Freiheit. Es waren Lockerungen erfolgt. Ausgang mit zwei bewaffneten Justizvollzugsbeamten, bis er in Begleitung nur eines Beamten die Anstalt zum Freigang verlassen durfte.

Nachdem Wolfgang F. im Juli 2005 einen Herzinfarkt erlitten hatte, stellte seine Anwältin den Antrag auf Entlassung wegen Vollzugsuntauglichkeit. Er wurde abgelehnt. Sieben Jahre später saß er Dr. Platz gegenüber.

»Ich besuchte ihn dreimal in Tegel. Er war sehr kooperativ. Er machte insgesamt einen unsicheren und gehemmten Eindruck, legte viel Wert auf die Feststellung, dass ihm nie wegen Faulheit gekündigt worden war. Er erklärte, dass er keine Freunde hätte und wenig Lust auf Sex. Er redete viel über die Zeit vor der Tat. Zum Beispiel, dass er einem Wellensittich das Sprechen beigebracht hatte.«

Für sein damaliges Verhalten gebe es viele Erklärungen. Seine Erziehung, die Prügel, die er bekam, und das schlechte Verhältnis zu seinem Stiefvater.

»Auf die Frage, was er seinen Opfern sagen würde, könne er mit ihnen reden, meinte er, dies könne er schwer sagen. Er verstünde es selbst nicht. Aber er würde um Verzeihung bitten. Dabei weinte er und war sichtlich mitgenommen. Er habe auch stark geweint, als er hörte, seine Tochter hätte ein Foto von ihm zerrissen, als sie hörte, dass er ihr als Kind in den Kopf geschossen habe.«

Platz erkannte auf ein hohes Rückfallrisiko. »Unzureichendes Schuldbewusstsein, kaum Reue und wenig Empathie. Die Entlassung von Herrn F. kann zum gegenwärtigen Zeitpunkt noch nicht empfohlen werden.«

Wolfgang F. wurde 2014 aus der Haft entlassen.

Die Köchin mit dem Ecstasy

Szenen einer Ehe: Für sie war es die Hölle. Für ihn dagegen war die Welt in Ordnung. Sie sagte, er habe nie Staub gewischt und lasse sich wie ein Pascha bedienen. Ihr Mann täte nie einen Handschlag, außer die Kinder zu verprügeln. Sie selbst würde geschlagen, wenn sie sich ihm verweigere. Er dagegen erklärte dem Richter, dass sie sich die Arbeit im Haushalt geteilt hätten. Ab und zu mal eine Ohrfeige fürs Frauchen, das müsse schon sein.

Aus dieser unterschiedlichen Sichtweise wurde versuchter Mord. Nach mehr als zehn Jahren des Zusammenlebens wollte die Köchin Frieda Z. ihren Mann vergiften. Nicht einfach so mit Zutaten aus der Apotheke oder heimlich übers Internet gekauft. Nein, es sollte etwas Besonderes sein. Tatsächlich ließ sie sich von ihrem Sohn Ecstasy-Pillen besorgen und rührte sie ihrem verhassten Ehemann in den Kaffee, damit er im Jenseits schmore. Was die Mutter von vier Kindern nicht wusste: Statt des Rauschgifts hatte ihr der Sohn Schmerztabletten gegeben. Der Mann überlebte.

Als ihm seine Sekretärin die Bitte des Landgerichts Berlins zur Begutachtung von Frieda Z. auf den Schreibtisch legte, hatte Werner Platz gerade seinen lila Schlips abgebunden. Es war der 5. Juli 2000. Ein sonniger Mittwoch. Werner Platz war heute etwas später im Büro erschienen. Er hatte sich nach dem Frühstück noch ans Klavier gesetzt und ein Stück von Mozart gespielt. Das erste Mal seit Wochen.

»Eine Frau, die ihren Ehemann mit einer synthetischen Droge umbringen wollte. Sehr ungewöhnlich. Der Fall interessierte mich. Frau Z. war frei, ich bestellte sie zur ambulanten Begutachtung in mein Büro in die Karl-Bonhoeffer-Nervenklinik.«

Die Angeklagte kam in Begleitung ihrer Tochter.

»Frau Z. war anfangs sehr unsicher und unruhig. Im Laufe der Untersuchung lockerte sie sich aber. Wobei sie die Anwesenheit der Tochter offensichtlich als Unterstützung empfand. Ungewöhnlich im Vergleich zu anderen Probanden war, dass sich Frau Z. bei der testpsychologischen Untersuchung mit den 138 Fragen zur Selbsteinschätzung überfordert fühlte. Sie gab an, dass sie sich hierbei zu sehr anstrengen müsse, weswegen ich die Bearbeitung an dieser Stelle abbrach.«

Die Köchin Frieda Z., damals 39 Jahre, wurde in der DDR geboren. Ihre Geburt sei kompliziert gewesen und sie habe ein halbes Jahr im Krankenhaus bleiben müssen.

»Diese für Außenstehende unwichtigen Faktoren sind insofern relevant, weil sie auf frühkindliche Traumen hindeuten können. Die Schule brach sie nach der sechsten Klasse ab, nachdem sie dreimal sitzengeblieben war. Sie habe ›keinen Bock‹ mehr gehabt.«

Die Ehe sei die reinste Hölle für Frieda Z. Das bestätigte später auch der 19-jährige Sohn Horst, der im Alter von 14 Jahren vor den Schlägen seines Vaters in ein Heim flüchtete. Sie habe viel von K.o.-Tropfen gelesen und dass der Tod wie ein Herzinfarkt aussehen würde. Sie fragte ihren Sohn, ob er so etwas besorgen könne. Dass Lisa, eine Freundin Horsts aus dem Heim, ihm für 40 D-Mark statt K.o.-Tropfen in Form von Ecstasy lediglich vier weiße Schmerzpillen verkauft hatte, wusste auch er nicht.

»Der Vorwurf treffe zu, sagte Frau Z. und gab an, dass sie keinen anderen Ausweg mehr gesehen habe.« Zweimal war sie mit dem Mann verheiratet gewesen. Einmal zu DDR-Zeiten, es kam zur Scheidung, dann hätten sie im Westen erneut geheiratet. Sie habe sich von ihm überreden lassen. Doch es habe sich nichts geändert.

Waren nicht genügend Eier im Kühlschrank, machte er Zoff. War nicht der richtige Kanal im TV eingestellt, gab es Krach. Sie habe nie allein weggehen dürfen, und wenn ein Anruf kam, musste sie darüber Rechenschaft ablegen, wer ihr denn da hinterherklingle. Sie habe es einfach nicht mehr ausgehalten.

Eines späten Abends im Mai oder Juni 1998 kam ihr Mann, damals 45, spät vom Skat nach Hause und es gab Streit wegen des Milchreises, den sie für die Kinder gekocht hatte.

»Frau Z. hatte die Situation noch sehr gut in Erinnerung: ›Er regte sich wegen des Milchgeruchs in der Wohnung auf. In diesem Augenblick tat ich es. Ich kochte ihm einen starken schwarzen Kaffee, rührte die Pillen rein. Was ich in diesem Moment dachte, weiß ich nicht mehr.‹«

Der Rest der Geschichte ist schnell erzählt. Ihr Mann trank den Kaffee, bemerkte nichts und ging zu Bett. Als er am nächsten Morgen die Vorhänge aufzog, stand er quietschvergnügt auf.

»Erst bekam ich einen Schreck«, erklärte Frieda Z. »Dann aber war ich sehr erleichtert.«

So ging die Ehe in gewohnter Weise weiter. Streit wegen nicht aufgegessener Stullen, einem Telefonklingeln zur falschen Zeit oder einfach nur, weil der Gatte mit dem falschen Fuß aufgestanden war. Erst als sich ihr Sohn einem Sozialarbeiter anvertraute, kam die Sache ins Rollen.

»Ich erlebte Frau Z. als eine Frau mit wenig Selbstbewusstsein«, sagt Werner Platz. »Sie stellte sich kleiner dar, als sie war. Doch gemessen an den angewandten Testverfahren war deutlich zu erkennen, dass ihre intellektuelle Leistungsfähigkeit über dem Durchschnitt ihrer Altersgruppe lag, ihre Allgemeinbildung allerdings darunter. Deutlich überdurchschnittliche Leistungen erzielte sie im Mosaik-Test, der ihr ein sehr ausgeprägtes Beobachtungsvermögen bestätigte.«

Der Rosenzweig-Picture-Frustration-Test, ein Verfahren zur Beurteilung des Verhaltens in alltäglichen Belastungssituationen, ergab, dass »Frau Z. bei Konflikten bagatellisiert und verdrängt. Sie hofft, dass sich alles von alleine regelt. Ein Hinweis auf mangelndes

Durchsetzungsvermögen. Den Frust darüber wendet sie gegen sich selbst.«

Fazit: Als führend für das Frau Z. zur Last gelegte Handeln ist mit hoher Wahrscheinlichkeit der von ihr nicht bewältigte Dauerkonflikt mit ihrem Ehemann zu sehen. Urteil: Zwei Jahre auf Bewährung.

Kain und Abel

Erstes Buch Mose, Kapitel 4: »Und es geschah nach einiger Zeit, da brachte Kain von den Früchten des Ackerbodens dem Herrn eine Opfergabe. Und Abel, auch er brachte von den Erstlingen seiner Herde und von ihrem Fett. Und der Herr blickte auf Abel und auf seine Opfergabe, aber auf Kain und auf seine Opfergabe blickte er nicht … Und es geschah, als sie auf dem Feld waren, da erhob sich Kain gegen seinen Bruder Abel und erschlug ihn …«

Ein Brudermord aus Eifersucht: Darum geht es auch im folgenden Fall. Kurt P. fühlte sich ungeliebt und tötete seinen Bruder Andreas mit zwölf Messerstichen im elterlichen Haus. Im Beisein ihrer Mutter.

»Mein Bruder schikanierte mich, stahl meine Post, meldete mein Auto ab und pisste auf meine Pullover. Als er meine Freundin als Hure beschimpfte, ging in mir die Bombe hoch. Was vielleicht auch daran lag, dass ich mir Testosteron gespritzt hatte, um abzunehmen«, würde er seine Tat später in der Verhandlung vor der 91. Strafkammer in Berlin-Moabit erklären. Am 12. Januar 2007 erging das Urteil: Acht Jahre Haft wegen Totschlags.

Auch Kurt P. saß bei Werner Platz.

»Herr P. hatte ein starkes Mitteilungsbedürfnis, unterstrichen von ständigen Tränenausbrüchen. Er machte sich Vorwürfe und sagte, dass es ihm zurzeit noch nicht möglich sei, sich mit den Geschehnissen restlos auseinanderzusetzen. Das Verhältnis zwischen seinem Bruder und ihm bezeichnete er als dauerhaft zerrüttet. Sein Handeln zum Tatzeitpunkt versuchte er durch Schuldzuweisungen an das Opfer und auch an seine Mutter zu legitimieren.«

Die Aussage der Mutter zur Tat: »Andreas hatte ein paar Tage zuvor im ersten Stock renoviert und es kam mit Kurt wegen ein paar Mülltüten zum Streit, der sich auch am nächsten Tag fortsetzte. Ich sagte, ich hätte die Nase voll und würde das Haus verkaufen. Am Freitag darauf stritten sie wieder. Ich habe geschrien, weil ich wollte, dass sie aufhörten. Plötzlich hatte Kurt ein Messer in der Hand. Ich wollte die 110 anrufen, doch er hat mir den Mund zugehalten.«

Der Grund der ewigen Streitereien war das Haus. Andreas P. wollte den Bruder aus dem Haus haben. Die Mutter: »Sie haben sich beide nichts gegönnt.« Ähnlich lautete auch die Aussage einer Freundin, die beide als bösartig und gierig beschrieb. Zum Hintergrund: Als Spätaussiedler war die Familie 1964 von Schlesien nach Deutschland gekommen und 1970 nach Westberlin gezogen. Der Vater eröffnete eine Fleischerei und betrieb einen Imbiss.

»Im Laufe der nächsten drei Besuche schilderte mir Herr P. stolz seinen Werdegang. Kurt P. ist ein Mann, der seine Vorzüge gut in Szene zu setzen versteht. Er sei strebsam und ehrgeizig, wäre gut in der Schule gewesen, mehrfacher Berliner Meister im Kugelstoßen und Diskuswerfen. Er habe nach sechs Semestern Medizin das Physikum bestanden, bei dem 60 Prozent der Medizinstudenten durchfielen. Neben seinem Studium habe er noch mit seiner Freundin eine Pension betrieben und im väterlichen Betrieb geholfen. Er habe in England gearbeitet und in Berlin in acht orthopädischen Praxen.«

Platz' Eindruck: »Er stellte sich gern beschönigend dar und betonte ständig seinen hohen Bildungsstand und seine Leistungen als Arzt. Auffallend war auch, dass er mehrfach unterstrich, dass er eine Beziehung zu einer sehr jungen und sehr schönen Frau habe.« Trotzdem wäre sein Bruder der Liebling der Mutter gewesen. Unangenehmen Fragen wich Kurt P. gern aus. Zu angenehmen redete er viel.

Einige Monate vor der Tat habe er Gewichtsprobleme bekommen, sagte er dem Gutachter. Das habe ihn stark belastet, zumal seine Freundin bei einer Größe von 1,74 Metern nur 47 Kilogramm wog. Deshalb habe er sich das männliche Sexualhormon Testosteron gespritzt und abgenommen. Die stimmungsaufhellende Wirkung habe ihm auch über depressive Zustände hinweggeholfen.

Kurt P. sah sich oft als Opfer der Umstände. Er wäre verzweifelt und mit der ganzen Situation überfordert gewesen. Ständig wäre er provoziert worden. Dr. Werner Platz gegenüber erwähnte er mehrmals: Er sei aus der Mitte des Lebens gerissen worden, bereue die Tat sehr und könne sich seine Aggressivität nur mit der

Einnahme des Testosterons erklären. In der letzten Begutachtungsstunde bezeichnete er sich als »blöden Hund«:

»So eine Scheiße macht man nicht. Die Sache macht mich unglaublich fertig.«

Wie kann es aber sein, dass der vermeintlich Erfolgreiche neidvoll auf den sogenannten Versager blickt, sich von der Mutter nicht angenommen fühlt und als letzten Ausweg den Griff zum Messer sieht? Der Gerichtsgutachter hat dafür eine Erklärung:

»Sein Bruder war für ihn immer der ›arme Kleine‹, dem jeder Wunsch erfüllt wurde. Im Laufe der Zeit sei eine richtige Feindschaft entstanden. Herr P. habe immer auf ein klärendes Wort seiner Mutter gehofft. Während der U-Haft empfand Herr P. seine Psyche wie auf ständiger Achterbahnfahrt.«

Die Tests zeigten eindeutig, dass Kurt P. schnell zur Frustration neigte und stark darum bemüht war, durch Bagatellisierung einer offenen Konfrontation auszuweichen.

»Aus Gutachtersicht spricht das Geschehen für eine im Affekt modulierte Tat, die einer tiefgreifenden Bewusstseinsstörung zuzuordnen ist, so dass sich eine erhebliche Minderung der Steuerungs- und Hemmungsfähigkeit nicht ausschließen lässt. Der Missbrauch von Steroidhormonen kann eine verstärkende Wirkung auf die Aggressionsbereitschaft gehabt haben.«

Mit dem Erstellen des Gutachtens erwachte das Interesse von Dr. Platz an dem Thema Brudermord jedoch erst richtig. In einem Aufsatz für die Arbeitsgemeinschaft Strafrecht des Deutschen Anwaltsvereins verglich er den aktuellen Fall mit der Bibelgeschichte von Kain und Abel.

»Im Gegensatz zum Fall P. kam ich bei Kain zum Schluss, dass die Tötung von Abel nicht aus einem Affekt heraus geschah. Allein die Tatsache, dass er seinen Bruder auf ein entferntes Feld lockte und Gott gegenüber die Tat zuerst mit den Worten ›Bin ich meines Bruders Hüter?‹ bestritt, spricht eindeutig für einen Vorsatz.«

Callgirls und Koks

Sex und Crime. Die richtige Mischung für ein Millionenpublikum. Dieser prominente Fall war in aller Munde. In jeder Zeitung stand zu lesen, was ein streitbarer Rechtsanwalt und TV-Moderator getan hatte. Da war der »Schnee«, das weiße Pulver, das den Körper munter macht. Da waren die ukrainischen Mädchen, die willig und gegen Bares Sex anboten. Jener Medienpersönlichkeit war die Vorliebe für ukrainische Schönheiten und den Stoff, aus dem die Träume sind, zum Verhängnis geworden. Dabei hatte alles so berauschend angefangen.

Ein Anruf und kurz darauf standen die Mädchen auf der Matte. Oder, besser gesagt, lagen sie im Bett. Dass es zum Fiasko kam, war dem Zufall und der markanten Stimme des Mannes geschuldet. Letztere war einem Polizisten bei der Telefonüberwachung eines ukrainischen Menschenhändlerringes aufgefallen.

Wie andere Freier auch hatte er die Nummer aus einer Anzeige gewählt, in der »Naturgeile Mädchen« angeboten wurden. Unter einem Decknamen bestellte der Jurist das, wonach er sich sehnte. Er wäre zu dieser Zeit sehr einsam gewesen, würde er später sagen. Doch in diesem Prozess war er nicht die Hauptperson. Er spielte sozusagen eine Nebenrolle.

Der Angeklagte hieß Maxim W., ein Mann aus dem Rotlichtmilieu. Und ein neuer Fall für Dr. Werner Platz.

»Ich besuchte ihn das erste Mal am 4. September 2003. Das Treffen fand in der U-Haft statt. Mit dabei war eine russische Dolmetscherin.«

Maxim W. sagte, er habe den Afghanistankrieg als Panzersoldat erlebt und sei schwer verletzt worden. Seitdem leide er unter Alpträumen und nehme Tabletten. Er könne nicht in Richtung eines geschlossenen Fensters schauen, weil er sofort das Gefühl habe, ertrinken zu müssen. Auch sei ihm Autofahren bei geschlossenen Fenstern nicht möglich.

Insgesamt drei Mal besuchte Gutachter Werner Platz den Angeklagten. Die Treffen fanden wie üblich in einem der Anwaltssprechzimmer statt.

»Herr W. setzte sich jedes Mal mit dem Gesicht zur Zellentür, um nicht zum geschlossenen und vergitterten Fenster schauen zu müssen. Er erzählte viel über die Zeit in der Armee und über die Ängste, die er seitdem habe. Sie würden ihn oft unerwartet überwältigen und er habe vor allem Angst vor den Nächten. Selbst Beruhigungstabletten würden nicht helfen. Er habe es auch mit Alkohol versucht, wie viele seiner Kameraden. Aber nach einer gewissen Wodkamenge sei es nur noch schlimmer geworden.«

Herr W. habe Roulette gespielt und gemerkt, dass er beim Spielen alles vergessen könne. Diese Phase habe etwa ein Jahr angehalten. Aber er habe alles, was er hatte, verspielt.

Im Prozess, der über 30 Tage dauerte, musste sich der 33-jährige Ukrainer wegen schweren Menschenhandels verantworten. Gemeinsam mit zwei Freunden habe er ein Bordell betrieben und junge ukrainische Frauen unter Vorspiegelung falscher Tatsachen nach Berlin gelockt. In der Anklageschrift heißt es: »Maxim W. und seine beiden Komplizen sollen jahrelang ihre Opfer mit brutalen Mitteln zur Prostitution gezwungen haben. Für Schleusung, falsche Pässe und Schutz sollen sie zwei Drittel des Liebeslohnes einbehalten haben.«

Was geht in Dr. Platz vor, wenn er solche brutalen Dinge hört und der Täter ihm auf Armeslänge gegenübersitzt?

»Wer sich bei dieser Arbeit von Gefühlen leiten lässt, hat nicht den richtigen Beruf gewählt. Hier zählten nur Sachlichkeit und eine gute Beobachtungsgabe. Bei meinen Besuchen befand sich Herr W. in einem guten Allgemeinzustand. Sein Blutdruck war normal, der Puls jedoch entschieden zu hoch. Die Auswertung der Testverfahren ergab eine depressive Störung mittleren Grades, die ihn am stärksten in Form von Schlafstörungen und krankhafter Unruhe zu belasten schien. Da er keine Angaben zum Tatgeschehen machte, kann nicht beurteilt werden, inwiefern ihn die Taten seelisch belasten.«

Maxim W. ging nach Aussagen eines Opfers nicht sehr zimperlich mit den Frauen um. Die junge Frau war in Polen als Kindermädchen angeheuert worden.

»Doch kaum hatten wir die Neiße passiert, sagte er mir, ab jetzt bin ich dein Vater, Chef und Gott, und teilte mir mit, dass ich von nun als Hure seine Auslagen abarbeiten müsse«, berichtete die junge Polin.

Eine lukrative Sache, die Zuhälterei. Bei Stundenpreisen von 80 bis 100 Euro rund um die Uhr kam im Laufe von zwei Jahren ein hübsches Sümmchen zusammen. Maxim W. verfügte über eine Liste von sage und schreibe 3875 Kunden. »Von Prostitution und Menschenhandel, von Gewalt und Ausbeutung redete der Angeklagte nie«, meint Platz. »Er habe sich schon immer für Autos interessiert und, als er nach Berlin kam, einen Autohandel eröffnet. Das Geschäft sei super gelaufen. 2001 habe er eine fünf Jahre jüngere Frau geheiratet, von der er sich ein halbes Jahr später wieder trennte. Parallel dazu habe er noch ein Bordell eröffnet. Für ihn sei es immer wichtig gewesen, dass es ›seinen‹ Mädels gutgehe.«

Das sah die Staatsanwältin allerdings anders. Nachdem am 23. April 2003 der Zugriff auf den Zuhälterring stattgefunden hatte, waren weitere Frauen bereit auszusagen. »Wir hatten keine Freiheiten, mussten tun, was sie von uns verlangten und hatten kein privates Liebesleben«, erklärte ein weiteres Opfer. Zum »besseren Verständnis« dafür, was die Freier verlangten, wurden ihnen Pornos vorgeführt. »Wir waren keine Menschen für sie. Auf die Frage, was passieren würde, wenn wir krank würden, erklärte Maxims Bodyguard: ›In den Sack und ab in den Fluss.‹«

Eine der Ukrainerinnen berichtete, dass sie gleich hinter der deutschen Grenze vergewaltigt worden sei.

Dr. Platz, der den Prozess teils im Saal 700 des Moabiter Kriminalgerichts miterlebte, war dort nur Beobachter. Keine Stellungnahmen, keine Interviews und auch kein Gespräch mit dem Angeklagten. Selbst zu Richtern und Staatsanwälten verhielt er sich zurückhaltend, um nicht in Gewissenskonflikte zu geraten.

»Meine Aufgabe ist es nicht zu urteilen. Das müssen die Richter tun. Ich habe mit meinen Gutachten nur eine Grundlage für die ihre Entscheidung zu geben.«

Während der Aussagen der Mädchen über die erlebte Brutalität, über ihre Vergewaltigungen und ihre Ängste ziehen die Aussagen von Maxim W. noch einmal in Gedanken an Werner Platz vorbei. W.s Äußerungen über seine eigenen Ängste im Afghanistankrieg, seine Alpträume und seine Schlaflosigkeit. Und auch der Satz, dass er stets darauf achte, dass es »seinen« Mädels gutgehe.

Nach jedem Prozess weiß Dr. Werner Platz, wie groß die Widersprüchlichkeit einer Menschenseele sein kann. Sind vier Jahre und neun Monate Haft ein angemessenes Urteil für jenes Leid, das der Ukrainer über die Frauen gebracht hatte? Der Psychiater ist froh, dass er nicht für die Bestrafung eines Täters verantwortlich ist.

Der irre Klavierlehrer

Die Zeitungen waren voll von ihm. Von dem irren Klavierlehrer aus Schöneberg. Der Mann, der Seelen retten wollte und dabei vor Mord nicht zurückschreckte. Erst erdrosselte er seine Schülerin. Er schlug ihr den Kopf ab, legte ihn auf eine Wiese. Zwei Tage darauf klingelte er bei seinem Nachbarn und rammte ihm einen Schraubenzieher in den Kopf. Wie kommt ein ruhiger Mann, einer der freundlich seine Nachbarn grüßt und beliebt ist, zu solchen Taten? Werner Platz sollte wieder einmal versuchen, eine Erklärung für diese irrsinnigen Morde zu finden.

»Möglich ist das aber nur bis zu einem bestimmten Punkt. Darüber hinaus kann ein gesunder Geist vieles nicht mehr nachvollziehen.«

Werner Platz sitzt im Café gegenüber dem Moabiter Kriminalgericht, vor ihm auf dem Tisch Cappuccino und Erdbeerkuchen. Seine Gedanken gehen zurück zum 24. März 1994.

»Ich sollte Herrn R. begutachten und feststellen, ob er zum Tatzeitpunkt zurechnungsfähig war, und eine Prognose abgeben, ob in Folge seines Zustandes weitere erhebliche Taten zu erwarten seien. Die Untersuchung fand auf der Station 36 der Abteilung für Forensische Psychiatrie der Karl-Bonhoeffer-Nervenklinik statt.«

In einem Raum von kühler Sachlichkeit.

»Herr R. war freundlich und aufgeschlossen. Nach eineinhalb Stunden allerdings zu erschöpft, um weiterzumachen. Seine linke Hand zitterte und seine Bewegungen waren durch die Wirkung der Medikamente, die er nahm, verlangsamt.«

Er habe die Taten auf Befehl ausgeführt. Jesus selbst habe ihn dazu aufgefordert, hatte Bernhard R. vor Gericht erklärt. Die Stimme des 33-Jährigen klang sanft und leise. Doch Bernhard R. war geisteskrank, und nicht sanft.

Er schilderte dem Gerichtsgutachter, dass er schon mit zwei Jahren auf dem Klavier gespielt habe und dass Musik lange Zeit seine große Leidenschaft gewesen war. Erzählte von seiner eineinhalb Jahre jüngeren Schwester und dass diese von den Eltern vorgezogen worden war. Sein Verhältnis zur Mutter sei generell schlecht gewesen. Das zum Vater weitaus besser.

Werner Platz will die Zusammenhänge, die zur jeweiligen Tat geführt haben, verstehen und das Leben der Angeklagten wie ein Puzzle zusammensetzen.

»Wegen häuslicher Probleme ist Herr R. ein Jahr vor dem Abitur von Köln nach Berlin gezogen. Er hat BAföG erhalten und sich mit Klavierunterricht über Wasser gehalten. Er war stolz darauf, alles allein geschafft zu haben.«

Nach dem Abi studierte er an der Hochschule der Künste Berlin, um Musiklehrer zu werden. Ein Semester vor dem Abschluss verlor er den Antrieb, schmiss das Studium hin. Er heiratete, wurde geschieden und heiratete im Mai 1989 zum zweiten Mal und wurde Vater.

»Das Paar lebte von den Einnahmen seiner Klavierstunden und bekam zusätzlich Sozialhilfe. Den Unterricht habe er allerdings als sehr anstrengend empfunden und bei guten Schülern schnell das Selbstvertrauen verloren. Er fühlte sich nicht gut genug. Das war die Zeit, in der Speed, Kokain und Haschisch begannen, sein Leben zu bestimmen.«

Seine Frau habe ebenfalls Drogen konsumiert. Zur Finanzierung ihrer Abhängigkeit hatten sie einen Kredit über 14.000 DM aufgenommen. Auch gespielt habe er, gepokert und in der Spielbank am Roulettetisch gesessen. An Geldspielautomaten habe er an manchen Tagen 400 DM verloren. Das Verhältnis zu seiner Frau bezeichnete er als Hassliebe.

Die Schulden wurden größer, er verkaufte Keyboard, Bass und Rhythmuscomputer, verließ die Familie, kam aber wieder zurück. Es sah aus, als kehre die Normalität zurück. Der zweite Sohn wurde geboren. Doch von Normalität keine Spur.

»Am 5. Februar 1991 wurde er erstmals psychiatrisch behandelt. Er habe geglaubt, Jesus zu sein, und gepredigt. Bernhard R. war auf der ständigen Suche nach irgendetwas Höherem. Erst katholisch, dann evangelisch und Zeuge Jehova. Danach freikirchlich, später konvertierte er zum Islam und irgendwann wieder zurück zum Christentum. Nirgends hat er gefunden, wonach er suchte.« Und weiter:

»Zur Sexualität befragt, gab er an, dass er private Anmache widerlich finde. Es sei klarer, wenn er zu einer Prostituierten gehe, wo man für die Leistung bezahlt. Seine Frau hätte dafür aber kein Verständnis gezeigt«, sagt Werner Platz.

Wenige Monate vor dem ersten Mord begann Michaela M., das spätere Opfer, bei Bernhard R. Klavierunterricht zu nehmen.

»Es habe sich eine Beziehung entwickelt. Eine Zeitlang habe er geglaubt, mit beiden Frauen zusammen sein zu können. Schließlich sei er Moslem, und die dürften doch zwei Frauen haben. Auch darüber habe er mit seiner Frau gesprochen. Die sei schockiert gewesen.«

Nachdem sich Michaela M. eines Tages von ihm getrennt hatte, besuchte er sie in ihrer Wohnung.

»Er war innerlich überzeugt, sie würde die Lebenskraft seines Sohnes dezimieren«, sagt Werner Platz. »Die Schilderung der Tat bereitete ihm große Schwierigkeiten.«

Immer wieder erklärte er seine Handlung damit, dass sie dem allmächtigen Gott gelästert habe.

»Während er davon erzählte, wirkte er unruhig und musste mehrfach aufstehen und hin und her laufen«, berichtet der Gutachter weiter. »Als es raus war, war er erschöpft, fühlte sich aber erleichtert. Er habe auf ihren Hals gesehen und es als Signal verstanden. Er würgte sie und hat dabei laut gebetet.« Michaela M. sei blau angelaufen, die Augen seien weit geöffnet gewesen.

»Seinem Empfinden nach habe er sie wohl eine Viertelstunde gewürgt, dann fallen gelassen und den Kopf mehrmals auf den Boden geschlagen. Danach habe er ihren Kopf abgeschnitten, in seinen Rucksack gesteckt und in den Park am Grazer Platz gelegt. Der Kopf sei für ihn wie eine Trophäe gewesen.«

Daraufhin habe er die Bluttat einer anderen Klavierschülerin geschildert. Doch statt die Polizei zu informieren, gab sie ihm für die Tatzeit ein Alibi – aus Liebe.

Bereits zwei Tage später geschah der nächste Mord.

»Auch Nachbar Dieter K. habe Gott gelästert. Wegen einer Unterschriftensammlung habe Bernhard R. bei seinem Nachbarn an der Wohnungstür geklingelt. Als dieser sich unterdessen eine Zigarette anzünden wollte, habe er ihm aus der Hausordnung vorgelesen, die Kippe aus der Hand geschlagen und ihn mehrmals getreten. Nun, da Dieter K. auf dem Boden lag, habe er das vollbracht, wozu ihn Jesus aufgefordert hätte. Er habe seinem Nachbarn mit der stumpfen Seite einer Axt einen Schraubenzieher in die Stirn geschlagen. Er wollte ihm das dritte Auge öffnen, damit die Seele noch freier werde. Dann sei er gegangen, habe aber den Schraubenzieher stecken lassen.«

Am nächsten Tag hat er dem Besitzer einer arabischen Pizzeria die beiden Morde gestanden. Der Mann rief die Polizei, bei der Bernhard R. ein Geständnis ablegte.

»Auf meine Frage, wie er gehandelt hätte, wäre er

nicht verhaftet worden, antwortete Herr R., er hätte weitergemacht«, sagt Werner Platz.

Heiligabend 1998. Klaviermusik klingt durch die Gänge der Karl-Bonhoeffer-Nervenklinik. Es ist Bernhard R., der in seinem Zimmer sitzt und Klavier spielt. Pflegepersonal, Ärzte und Patienten stehen vor der Tür und hören zu. Einen Tag später finden sie ihn mit einem Telefonkabel erhängt am Fenstergitter. Er liegt in einem Grab ohne Namen.

Mielkes Leiche im Keller

Sonntag, den 9. August 1931, acht Uhr abends. Polizeihauptmann August Willig, sein Kollege Paul Anlauf und Franz Lenk vom Gewerbeaußendienst gehen auf Streife. Rund um den Bülowplatz, dem heutigen Rosa-Luxemburg-Platz, brennt seit Tagen die Luft. Hier befinden sich nicht nur die Volksbühne und das Kino *Babylon*, sondern auch das Karl-Liebknecht-Haus mit der Parteizentrale der KPD. Polizeieinsätze sind an der Tagesordnung. Erst 24 Stunden zuvor hatte die Polizei den 19-jährigen Arbeiter Fritz Auge erschossen. Am Eingang des Polizeireviers 7 steht die Botschaft: »Für einen erschossenen Arbeiter fallen zwei Schupo-Offiziere!!! Rot Front lebt, nimmt Rache«. Zwei Blöcke weiter: »Für jeden Kommunisten 2 Polizeibeamte«.

Als Polizeihauptmann Willig, sein im Kiez verhasster Kollege Anlauf (genannt »Schweinebacke«) und Franz Lenk auf Streife gehen, sind sie auf alles gefasst. Und tatsächlich fallen plötzlich Schüsse, Anlauf und Lenk sterben. Willig überlebt, ein Bauchschuss. Die Täter: zwei junge Kommunisten namens Erich Ziemer und Erich Mielke, die mit falschen Papieren in die Sowjetunion fliehen. Während Erich I 1937 im Spanischen Bürgerkrieg fällt, kehrt Erich II 1944 nach Deutschland zurück und macht bekanntlich politische Karriere in der DDR, wo er über 30 Jahre lang das Ministerium für Staatssicherheit leitet.

62 Jahre und 77 Tage nach der Tat. Am 26. Oktober 1993 wird Erich Mielke vom Landgericht Berlin zu einer Freiheitsstrafe von sechs Jahren verurteilt. Beweis: Ein siebenseitiger handgeschriebener Lebenslauf mit dem Stempel »2458 Geheim«, der in Mielkes Tresor gefunden wurde. Zusammengesunken in seinem Rollstuhl sitzend, den braunen Lederhut auf dem Kopf, verfolgt der einstige Herr über Leben und Tod, Chef von fast 200 000 Spitzeln, leidenschaftlicher Jäger und Fan des Fußballclubs BFC Dynamo oft teilnahmslos den Prozess. Seine letzten Worte: »Ich habe nichts von dem, was Sie mir vorwerfen, getan. Lassen Sie mich frei. Lassen Sie mich in Frieden.«

Bevor der Prozess wegen der Morde am Bülowplatz am 10. Februar 1992 begann, hatten Gutachter die Verhandlungsfähigkeit des 84-jährigen Mielke, der sich seit zwei Jahren in Untersuchungshaft befand, bewertet. Herr M., wie er in den Akten genannt wird, war in mehreren Gutachten unterschiedlich beurteilt worden. Ein Gutachten bescheinigte ihm Verhandlungsunfähigkeit. Das Gericht bezweifelte dies und hielt es für möglich, dass der Angeklagte simuliere.

Der Auftrag der 23. Strafkammer (Schwurgericht) des Landgerichts Berlin erging dann auch an Werner Platz: Prüfung der Haft- und Verhandlungsfähigkeit von Herrn M. Vorsorglich wurde darauf hingewiesen, dass sich die Kammer dem Vorgutachten nicht anschließen konnte. Es gab Widersprüche, die der Vorsitzende geklärt haben wollte. Erstens redete Mielke die Gutachter mit Genosse Doktor an, zweitens wusste er weder das Alter seines Sohnes noch seiner Frau. Er sagte oft, er erinnere sich nicht mehr an manche Begebenheiten und er erkenne teilweise die behandelnden Ärzte nicht wieder. Es hatte den Anschein, als wolle er sich nicht erinnern und simuliere.

»Die Begutachtung von Herrn M. zog sich über fünf Monate hin«, erinnert sich Werner Platz. »Ich besuchte ihn gemeinsam mit der Diplom-Psychologin Constantina Antonopoulou insgesamt 22 Mal. Herr M. empfand die Termine als Entlastung, da er endlich Gelegenheit hatte, über seine aktuellen und bedrängenden Probleme zu reden. Die Untersuchungszeit schwankte zwischen eineinhalb und zwei Stunden. Herr M. wurde immer mit dem Rollstuhl ins Anwaltssprechzimmer gebracht. Die Termine waren so gelegt, dass sie nicht mit den Verhandlungstagen zusammentrafen. Bei Abschluss eines jeden Gesprächs sagte M., dass er sehr aufgewühlt sei.«

Erich Mielke ging regelmäßig zum Friseur und bekam zwischendurch Besuch von seinem Sohn, seiner Frau und einer Enkeltochter. Er fühle sich zerschlagen, sei sehr müde und einfach fertig, sagte er stets. Er habe Alpträume und bitte darum, dass sein Zimmerkollege nicht verlegt werde. Der sei ein anständiger Mensch und er habe sich an ihn gewöhnt. Sein Zellengenosse könne die Zimmerantenne des Fernsehers so einrichten, dass er die »Tagesschau« und das »Glücksrad« schauen könne. Er selbst wisse nicht, wie er das machen soll.

In einem drei Monate zuvor gefertigten Gutachten zu den Schüssen an der ehemaligen DDR-Grenze hatte Werner Platz befunden: »Einem zweiten Verfahren, das wöchentlich zweimal stattfinden soll, stimme ich aus forensisch-psychiatrischer Sicht nicht zu. Die Belastung ist zu hoch.« Im laufenden Prozess ging es daher nur um die Morde von 1931 am Bülowplatz. In seiner »Buchte«, einem sicherheitsverglasten Raum im Saal 700 des Schwurgerichts, bekäme er kaum etwas mit und überhaupt habe er das Gefühl, hier würde ein politischer Prozess gegen ihn geführt werden, kritisierte Mielke. Er wünsche sich, er wäre frei. Dann hätte er Zugang zu eigenen Unterlagen und könne sich besser verteidigen, erklärte er. Und weiter: Die armen Grenzer würden ihm leidtun. Er selbst habe keinen Schießbefehl gegeben. Die Grenzer hätten nur notwendigen Weisungen gehorcht, hätten ihr Leben eingesetzt, um die Grenze zu sichern. Die Mitarbeiter der Staatssicherheit seien alles gescheite Menschen gewesen, die humanistische Ziele verfolgt hätten.

In einem früheren Gutachten über Mielkes Verhandlungsfähigkeit war schon geklärt worden, dass ein Notarzt mit einem Defibrillator im Saal sein müsse. Darin wurde auch festgestellt, dass der Patient bei jeder Gelegenheit auf seine Gebrechlichkeit hinweise und mit dem Rollstuhl gefahren werden wolle. Er verweigere aber notwendige ärztliche Untersuchungen, so dass die Begutachtung nur durch Augenschein vorgenommen werden konnte.

Die drei Wochen, die Mielke zur Beobachtung im Krankenhaus war, ergaben ein anderes Bild. In den Notizen der Pfleger und Schwestern stand: »Patient auf einem Bein stehend angetroffen. Er zog sich die Hose an.« Eine Schwester vermerkte: »Ohne Gehhilfe auf dem Flur angetroffen.« Eine andere: »Patient hat sich einen Heimtrainer auf das Zimmer bringen lassen.«

Für Dr. Werner Platz keine leichte Aufgabe. Denn Mielke war zwar krank, aber für sein Alter noch erstaunlich gut beieinander.

»Er hatte ein starkes Bedürfnis, über seine Lage und auch über seine Beschwerden zu sprechen. Außer zu einigen Pflegern und seinem Mitgefangenem im Krankenzimmer habe er keinen Kontakt. Ein paar sachliche Worte auf dem Flur, mehr wäre das nicht.«

In einem ersten *Spiegel*-Interview vom 20. Januar 1992 erklärte Erich Mielke: »Ich bin sterbenskrank. … Ich habe Depressionen, ich kann nicht mehr. … Ich will meine Freiheit und nach Hause.« Das Gespräch beendete er nach sieben Minuten mit den Worten. »Ich will in mein Bett zurück.«

Nach Meinung des Gerichtsgutachters Werner Platz sei Erich Mielke aufgrund des hohen Alters und seiner Krankheiten zwar nicht mehr haftfähig, allerdings für drei Stunden am Tag verhandlungsfähig.

»Der lange Tod«

Was muss das für ein Mensch sein, dem vorgeworfen wird, einen polnischen KZ-Häftling so lange geprügelt zu haben, bis er regungslos auf der Erde lag? Der dem Wehrlosen eine Latte auf den Hals legt, sich draufstellt und auf und nieder springt? Mit einem Körpergewicht von hundert Kilogramm.

KZ-Mörder Otto H. saß bei Dr. Platz. Er wurde nur »Der lange Tod« oder »Der Würger« genannt. Ein KZ-Häftling, der zum Mörder wurde. Ein privilegierter KZ-Insasse, der als Kapo im Auftrag der SS andere Häftlinge beaufsichtigte und schikanierte.

»Grundsätzlich ist es schwer, die Taten, die in einem KZ begangen wurden, zu begutachten«, sagt Platz. »Der Psychiater, dem die gewohnte Distanz zum Untersuchungsobjekt hier fälschlicherweise als Objektivität angerechnet werden würde, kann nicht die Wirkung der Ungeheuerlichkeit des Konzentrationslagers verstehen, weil das Trauma des KZ jenseits des Vergleichbaren steht. Ferner ist es ein grundsätzliches Problem, zu einer Tat wie dieser Stellung zu nehmen, die 46 Jahre zurückliegt.«

Der 8. März 1986. Der erste Besuch des Psychiaters bei dem Mann mit der Häftlingsnummer 4922/85-7, Otto H., geboren am 20. Mai 1912 im ostpreußischen Tilsit. Wie immer war Dr. Platz auch diesmal wieder mit der U-Bahn ins Haftkrankenhaus Moabit gekommen. Parkplatzsuche stehle ihm nur Zeit. Zeit, die er nützlicher verbringen könne, sagt er. Da saßen sie sich nun gegenüber. Der Psychiater und »Der lange Tod«. Angeklagt wegen Mordes an polnischen Mithäftlingen im österreichischen Steinbruch Mauthausen, KZ-Außenlager Gusen.

Die Tür des Anwaltssprechzimmers fiel zu, danach das Geräusch des zweimaligen Herumdrehens des Schlüssels. Die beiden Männer begrüßten sich höflich und redeten sich mit ihrem jeweiligen Nachnamen an. Morgensonne fiel durch das Fenster in den Raum. Es hätte wie ein Besuch unter Freunden aussehen können, wären da nicht die Gitter vor dem Fenster gewesen. Was dann geschah, schildert Werner Platz so:

»Mein Hauptinstrument ist immer abwechselnd die persönliche Befragung und die freien Erzählungen des Angeklagten. So war es auch in diesem Fall.«

Fragen und Antworten wurden protokolliert und ergaben zusammen mit der Beschreibung von Mimik, Gestik und Sprechweise den abschließenden Befund. Der hieß im Falle des Angeklagten Otto H.: Verhandlungsfähig!

Bis auf die letzten 20 Jahre hatte er ein unstetes Leben geführt. Otto H., Akrobat, Maler ohne Anstellung, Wanderbursche, Gelegenheitsdieb. Mit 21 Jahre war es eine Schreibmaschine, mit 25 schraubte er die Glühbirnen in Fluren von Mietshäusern heraus und verkaufte sie. Mal gab er sich als Arzt aus und ergaunerte hundert Mark, dann beging er wieder ein paar Diebstähle. Die Nazis machten kurzen Prozess mit ihm. Als Arbeitsscheuer landete er im KZ Dachau, wurde später nach Österreich verlegt.

»Seinen Aussagen nach wurde er selbst misshandelt und gedemütigt. Lediglich ein paar Fußtritte habe er den Polen verpasst, weil sie mit Kleidern und Schuhen ins Bett gingen und sich nicht duschten. Das auch nur, weil er mit vorgehaltener Pistole von der SS dazu gezwungen worden war.«

Ende 1942 habe man ihn entlassen und in den Krieg geschickt, um für sein Vaterland zu kämpfen. Stalingrad, Flucht, Strafbataillon und russische Gefangenschaft. In den letzten 20 Jahren habe er zwei Ehen geführt und sei ein braver Bürger gewesen, versicherte Otto H. Jetzt, 1986, war er wegen Mordes an insgesamt 24 KZ-Häftlingen angeklagt.

»Die Zeugen müssen mich verwechseln«, beteuerte der nunmehr fast 74-Jährige. Kaum vorstellbar, denn mit knapp zwei Metern Körpergröße schien eine Verwechslung unwahrscheinlich. Fast alle Zeugen erkannten ihn. Sie erinnerten sich sogar noch an den Spitznamen des Mannes, den sie so gefürchtet hatten: »Der lange Tod«.

Gleich beim ersten Besuch von Werner Platz sprach Otto H. offen und ehrlich über die Schwierigkeiten seiner momentanen Lage und dass er Zweifel an der testpsychologischen Untersuchung habe. Er befürchtete, dass, wenn er sich um eine Lösung der Aufgaben bemühe, es zu seinen Ungunsten interpretiert werden könne. Ferner verhielt H. sich stets zuvorkommend und freundlich.

Der Prozess dauerte vier Monate. 18 Mal besuchte Dr. Platz den Mann, dem noch nicht einmal nach so vielen Jahren alle Zeugen länger als notwendig ins Gesicht schauen konnten. Sie hatten ihn als sadistischen Gewalttäter in Erinnerung.

»H. fühlte sich einsam und unverstanden«, so Platz. »Er hatte Angst, vom Krankenhaus wieder in eine Einzelzelle verlegt zu werden. Er erzählte mir, dass er hoffe, die Ärzte würden eine Krankheit finden, aufgrund der er haftunfähig wäre und nach Hause dürfe. Dann könne er mit dem Hund spazieren gehen und Leute kennenlernen. Vielleicht würde er aber auch gleich in ein Altersheim ziehen. Nur nicht zurück in eine Einzelzelle.«

Der Angeklagte erzählte dem Psychiater viele Geschichten aus der Zeit, in der er mit seinem Hund, seinen zwei Katzen und zwei Wellensittichen ein geruhsames Leben geführt hatte.

»Dabei blühte er sichtlich auf und zeigte deutlich, wie sehr er unter dem jetzigen Zustand litt. Er liebe doch Tiere und Kinder, erklärte er. Als man ihn verhaftete, habe er den Beamten sogar mit einer Anzeige wegen Tierquälerei gedroht, wenn sie nicht dafür sorgten, dass seine Tiere gut untergebracht würden.«

Die ihm vorgeworfenen Grausamkeiten hätte er nicht begangen, sagte er dem Psychiater.

»Er versuchte es sogar zu begründen. Zum Beispiel seine streng katholische Erziehung mit den vielen Kirchenbesuchen. So etwas Grausames hätte er doch nie tun können. Oder er stritt ab, jemals in diesem Steinbruch gearbeitet zu haben. Oder es waren äußere Umstände, die an seiner Misere schuld gewesen wären.«

Am Ende der Begutachtung gab es für Dr. Platz keinen Zweifel.

»Zum Zeitpunkt der Taten litt H. weder unter einer Psychose noch unter einer Hirnverletzung, und auch nicht unter einer tiefgreifenden Bewusstseinsstörung. Eventuell jedoch unter einem erlebnisbedingten Persönlichkeitswandel, welcher aber erst im Laufes des Prozesses weiter zu klären wäre.«

Während des Prozesses baute Otto H. körperlich ab. Er litt anfallsweise an Atemnot und Schwäche. Was jedoch keine Haftverschonung rechtfertigte.

»Es war augenscheinlich, dass H. sich nicht mit Gelassenheit über Konfliktsituationen hinwegsetzen konnte. Dafür erzeugte er körperliche Symptome, auch hatte er eine große Anspruchshaltung seiner Umwelt gegenüber.«

Als man den 74-Jährigen im Dezember 1986 auf einer Trage zur Urteilsbegründung in den Saal 700 des Kriminalgerichts schob, war er ein gezeichneter Mann.

Heftige Diskussionen entbrannten. Die einen sprachen von Gerechtigkeit den Opfern gegenüber, die anderen nannten den Prozess schlicht und ergreifend unmenschlich. Otto H. sei schließlich ein Todgeweihter. Eine Tat konnte man ihm nachweisen. Zehn Jahre wollte ihn das Gericht ins Gefängnis schicken. Elf Tage nach dem Urteilsspruch war er tot – sein Herz hatte versagt.

Die diebische Oma

Da sitzt sie nun. Klein und schmächtig, gerade mal 1,60 Meter groß, dauergewelltes blondes Haar. An den Fingern Goldringe, an den Füßen Turnschuhe mit Leuchtstreifen. Sie könnte jedermanns Lieblingsoma sein. Wenn da nicht …

Oma Emma ist 82 und steht zum 22. Mal vor Gericht. 29 Jahre hat sie bisher im Knast verbracht und immer wegen des gleichen Deliktes: Diebstahl. Emma klaut, was das Zeug hält. Emma Marlis J., geborene V., klaut sich seit 1941 durch Berlin. Ihr letzter Auftritt fand auf dem Wochenmarkt am Maybachufer in Berlin-Neukölln statt.

Es war an einem der letzten schönen Herbsttage des Jahres 2003, als sie offensichtlich das dringende Bedürfnis verspürte, eine Handtasche haben zu müssen. Kaum gedacht, schon gemacht. Die Tasche wechselte ihren Besitzer. Samt Bargeld, das sich darin befand. Was dann geschah, wurde im Amtsgericht Tiergarten verhandelt. Doch vorher hatte die Amtsanwaltschaft ein psychiatrisch-psychologisches Gutachten in Auftrag gegeben.

»Es sind nicht immer nur die großen Fälle, die auf meinem Schreibtisch landen.« Werner Platz lächelt.

Da gebe es so viele Geschichten zu erzählen. Doch zurück zu Oma Emma und ihrem unwiderstehlichen Drang zum Klauen.

»Das Erste, was den meisten Leuten dazu einfällt, ist Kleptomanie«, sagt Platz. »Zwanghaftes Stehlen liegt vor, wenn mehr als zwei Diebstähle begangen werden, ohne dass ein Bereicherungswille zugrunde liegt. Wenn Spannungen abgebaut werden sollen, und wenn die Täter trotz eines schlechten Gewissens weiter stehlen. Es ist bislang noch unklar, ob Kleptomanie Sucht oder Zwang ist. Das alles traf auf die Angeklagte allerdings nicht zu.«

Um zu diesem Ergebnis zu gelangen, bestellte Werner Platz Emma J. zur ambulanten Untersuchung in das Vivantes Humboldt-Klinikum nach Reinickendorf. Sie erschien pünktlich. Es sollte unter anderem der Syndrom-Kurz-Test zur Erfassung der Aufmerksamkeit und Gedächtnisstörungen wiederholt werden, der schon einmal bei einer früheren Begutachtung gemacht worden war.

Es täte ihr leid, versicherte Oma Emma, aber ohne Brille könne sie nicht lesen. Sie könne sich bei ihrem geringen Einkommen keine Brille leisten.

»Ich gab ihr eine Lupe, mit der sie aber nicht zurechtkam, so dass eine Wiederholung dieses Testverfahrens nicht möglich war«, berichtet Platz.

Drei weitere Tests wurden ausgeführt, bei denen die alte Dame nicht lesen, sondern nur die Fragen beantworten musste.

»Im Laufe der Untersuchung gab sie mehrmals an, sie würde unter Gedächtnisverlust leiden, und machte einen depressiven Eindruck. Sie trug ihre zahlreichen

Beschwerden mit weinerlicher Stimme vor und äußerte mehrmals den Wunsch, sterben zu wollen.«

Während Oma Emma vor dem Psychiater jammerte, kochte eine Psychologin Kaffee. Mit Milch und Zucker wollte Oma ihn haben. Danach setzte Dr. Platz die Untersuchung fort.

»Sie gab an, ihr gehe es ›dreckig‹. Sie erhalte knapp 900 Euro vom Sozialamt, die Miete allein betrage jedoch schon 575 Euro. Außerdem müsse sie noch Strom und Telefon bezahlen. In den letzten Jahren lebe sie wie ein Hund von Brot, Wasser und Salz. Ihr Bewährungshelfer schaue hin und wieder mal in den Kühlschrank, ob sie noch zu essen habe. Dann kam sie wieder darauf zu sprechen, wie schwer sie es habe und dass es ihr am liebsten wäre, sie würde eine Spritze bekommen und sterben. Dann hätte sie endlich Ruhe.«

Der Bewährungshelfer, der ihr wegen ihrer vorhergehenden Taten an die Seite gestellt worden war, würde später im Prozess aussagen, dass sie keinerlei Einsichtsfähigkeit habe. Selbst nach insgesamt 29 Jahren Gefängnis nicht.

»Das Einzige, was der Angeklagten wichtig war, und was sie während der Begutachtung immer wieder betonte, war ihre schlechte Lebenssituation«, erzählt Werner Platz. »Sie klagte über Ziehen in der Brust, Rückenschmerzen, Schwäche, Müdigkeit und Unruhe in den Beinen. Sie müsse Bromazepam gegen die Unruhe nehmen. Aber ihre trüben Gedanken würden auch von diesen Tranquilizern nicht weggehen. Und dass ihre einzige Abwechslung darin bestünde, fernzusehen. Aber das vergäße sie sofort wieder. Und zwischendurch beteuerte sie immer wieder, dass sie mit dem Diebstahl absolut nichts zu tun habe.«

Der Gerichtsgutachter kommt zu folgendem Ergebnis: »Keinerlei Beeinträchtigung ihrer Wachheit. Sie ist voll orientiert. Im Bereich des Kurzzeitgedächtnisses und der Merkfähigkeit ist sie eingeschränkt. Auch konnte sie wesentliche Lebensereignisse zeitlich nicht zuordnen. Sie hatte ein starkes Mitteilungsbedürfnis mit zwischenzeitlichem Stottern.« Das Fazit des Gutachtens lautet: »Nicht schuldfähig«.

Als Oma Emma später vor dem Amtsrichter in Tiergarten stand, wurde es ein kurioses Spiel. Die Fragen zur Tat beantwortete die Grande Madame der Berliner Taschendiebe nicht. Sie sagt nur lautstark:

»Ick vasteh nich.« Dabei schaute sie den Richter mit unschuldigen Augen an.

Es folgte eine lange Diskussion mit dem Vorsitzenden, hin und wieder unterbrochen von ihrem krächzenden:

»Ick vasteh nich.«

»Sie sollen geklaut haben«, schrie der Richter lautstark zurück.

»Ick vasteh nich«, antwortete Oma Emma erneut.

Dann erklärte ihr der Richter laut und deutlich, dass sie des Handtaschendiebstahls auf dem Wochenmarkt am Maybachufer angeklagt sei. Diesmal verstand die 82-Jährige und kreischte entrüstet:

»Ick war doch längst wech. Ick habe ooch nie wat wechjenommen.«

Der Richter versuchte sachlich zu bleiben und fragte, warum sie denn schon 22 Mal vor Gericht gestanden habe.

»Vor mir lief 'ne junge Frau sehr schnell wech«, antwortete Emma J. schnippisch.

»Die soll es jetzt gewesen sein?«, hakte der Richter nach.

»Könnte sein.« Emma blickte dem Richter in die Augen.

»Jetzt halten Sie mal die Luft an. Die 80 Euro aus der Tasche wurden doch bei Ihnen gefunden.«

Oma Emmas Strategie war nicht aufgegangen und von einer Sekunde zur anderen schaltete sie von schnippisch auf verwirrt. So ging es noch eine Weile hin und her, bis sie das Gericht als freie Frau verließ.

Von nun an hatte sie ein Freifahrtschein für künftige Diebstähle. Sozusagen die Lizenz zum Klauen.

Der Elternmörder

Oktober 1987. Werner Platz saß auf der Terrasse seines Hauses in Patras auf der griechischen Halbinsel Peloponnes. Er schlug eine Berliner Zeitung auf. »Tod durch Kopfschüsse«. Doppelmord an einem jüdischen Ehepaar in Berlin. Platz schenkte sich Kaffee nach, lehnte sich zurück und las: Ronald K., der Sohn der Getöteten, ein Heilpraktiker, war bestürzt und versprach 50.000 DM Belohnung. Die sollte derjenige erhalten, der Hinweise zur Ergreifung des Mörders seiner Eltern erbrachte. 20.000 D-Mark von der Staatsanwaltschaft gab es obendrauf. Ein guter Anreiz für Privatdetektive und Hobbypolizisten. Als Werner Platz' Frau an diesem Tag vom Einkauf aus der Stadt zurückkam, genügte ein Blick auf die Schlagzeilen.

»Ein Fall für dich?«, fragte sie.

Platz zuckte mit den Schultern.

Monate später saß er dem Sohn des ermordeten Ehepaars gegenüber. Er war angeklagt, seine Eltern umgebracht zu haben.

»Die 29. Strafkammer (Schwurgericht) bat mich festzustellen, ob zum Tatzeitpunkt eine seelische Störung, Bewusstseinsstörung, Schwachsinn oder Abartigkeit vorgelegen habe, die seine Einsichtsfähigkeit ausgeschlossen oder gemindert habe.«

Die Anklage lautete: Ronald K. habe am 11. Oktober 1987 durch zwei selbständige Handlungen heimtückisch und aus Habgier zwei Menschen getötet.

Wie kommt ein erfolgreicher Heilpraktiker dazu, seine Eltern umzubringen? Wie kommt es, dass ein Sohn sich zwei Pistolen besorgt und seine Eltern kaltblütig ermordet? Das Ergebnis seines Gutachtens: Keine mildernden Umstände.

»Als ich dem damals 58-jährigen K. am 21. April 1988 zum ersten Mal gegenübersaß, war er sehr offen, bereit meine Fragen zu beantworten und verschiedene Testbogen auszufüllen. Er erreichte einen hohen Offenheitswert, der zeigt, dass er selbstkritisch geantwortet hat. Er hatte aber auch einen hohen Punktewert (über 99), der auf depressive Stimmungen, Ressentiments und Misstrauen hindeutete.«

Ronald K. sah sich als Opfer, als einen vom Leben Benachteiligten, der Aussagen träfe wie: »Wenn es in der Haft zu Mittag Eier gibt und eines ist faul, dann bekomme ich es.« Schon sein Vater habe ihm früher gesagt, dass man solche Kräfte Glück oder Pech nenne. Er selbst würde jedoch spüren, dass etwas ihn vernichten wolle.

Ronald K. sagte: »Ich weiß, dass Leute hinter meinem Rücken schlecht über mich reden.« Und über seine Überzeugung: »Ein Hund, der nicht gehorcht, verdient Schläge.« Über seine Wut: »Ich hatte schon einmal solchen Zorn auf jemand, dass ich ihm den Tod wünschte. Ich tue vieles, was ich später bereue.«

»Im Laufe der sieben Besuche in der U-Haft erzählte mir Herr K., dass er von seinen Großeltern erfahren habe, dass seine Mutter ihn nicht gewollt habe. Sie wollte ihre Figur nicht ruinieren. Für ihn ein Schock. Er war sich sicher, dass seine Mutter ihn nie liebte.«

In seinem Lebenslauf schrieb er: »Ich gehe immer den Weg des geringsten Widerstandes und komme mir wie ein geistiger Stotterer vor. Nicht der Sprache wegen, sondern aufgrund der geistigen Reaktionsfähigkeit. Wenn es um entscheidende Dinge geht, beginnt bei mir das geistige Stottern.«

In der Anklageschrift hieß es: »Der Angeschuldigte begab sich mit zwei geladenen Pistolen des Kalibers 7,65 in der Absicht, seine Eltern zu erschießen, in die elterliche Villa. Unter dem Vorwand, ihnen etwas Ernstes mitteilen zu wollen, bat er beide, sich nebeneinander in zwei Sesseln ihm gegenüber zu platzieren. Dann trat er hinter sie, zog die beiden Schusswaffen und feuerte auf die vor ihm Sitzenden. Wobei er gleichzeitig den Eltern von oben senkrecht in die Schädeldecken schoss. ... Der Angeschuldigte ist hochverschuldet und ihm drohte nach einer vorgetäuschten Krebserkrankung die Enterbung.«

Es ging um ein Millionenerbe. Der Beschuldigte war geständig. Die Mutter hatte er nach der Tat gefesselt, die Wohnung durchsucht, um alles nach einem Raubüberfall aussehen zu lassen. Im Laufe der Verhandlung wurde auch ein Brief der Tochter des Angeklagten verlesen, den sie mit der Aufschrift:

»Nur in meinem Todesfall öffnen«, bei einem Notar hinterlegt hatte. Darin hieß es:

»Nach dem grauenhaften Mord an meinen Großeltern befürchteten mein Mann und ich, ebenfalls umgebracht zu werden. Wir allein wussten, dass meine Großeltern das Testament zu meinen Gunsten geändert und meinen Vater enterbt hatten.«

Hauptbeweis war das Tonband eines Bordellbetreibers. Er hatte das Geständnis des Heilpraktikers heimlich aufgenommen. Insgesamt 70.000 DM Belohnung waren schließlich kein Pappenstiel. Der Täter hatte also 50.000 Mark für seine eigene Ergreifung ausgesetzt. Später widerrief K. sein Geständnis. Das Urteil: Lebenslang.

Zwei Jahre nach der Verurteilung traten Lähmungserscheinungen bei Ronald K. auf und er konnte sich nur noch im Rollstuhl fortbewegen. Eine weitere Bestätigung, dass er vom Pech verfolgt sei? Seine Freunde hatten sich alle von ihm zurückgezogen. Er fühlte sich einsam, hatte jedoch viel Vertrauen zu seinem ehemaligen Gutachter. Am 4. Mai 1995 schrieb er ihm:

»Lieber Herr Dr. Platz, da Sie mein Problem kennen und ich Sie über alle Maßen schätze, habe ich ein paar Fragen fachlicher Art. Seit über fünf Jahren sitze ich im Rollstuhl (psychogene Lähmung). Ich bin 67 und frage Sie, habe ich in meinem Alter noch eine Chance, wieder völlig beweglich zu werden?«

Werner Platz antwortete: »Verkümmerte Muskeln

können wieder aktiviert werden. Diese Art der Lähmung wird vom Unterbewusstsein gesteuert, die zugrunde liegenden Konflikte müssen bewusst gemacht
werden. Da hilft eine Therapie.«

Acht Morde für den Barmherzigen

Die Sache war klar. Die Brüder Qu. waren Verräter und mussten sterben. Sie wurden Mitte März 1996 in eine Wohnung im Berliner Wedding gelockt, betrunken gemacht und erschossen. Danach verpackt und in einem Waldstück entsorgt. Dass zwei Monate später noch einmal sechs Männer in einem Hochhaus in Marzahn das Zeitliche segneten, geschah ebenfalls im Sinne von Ngoc Thien, dem »Barmherzigen«. Opfer im Zigarettenkrieg vietnamesischer Mafiabanden.

Wer ließ sich schon gern in die Karten schauen, verraten und lukrative Standplätze von konkurrierenden Banden wegnehmen? Wer verzichtete freiwillig auf Macht, Geld und ein angenehmes Leben? Und überhaupt, Herr Duy Bao L. musste sein Gesicht wahren, um nicht selbst Opfer zu werden. Seit einer früheren Mordanklage, von der er freigesprochen wurde, war er der große Held im Milieu der Zigarettenmafia. Seine Landsleute begegneten dem zierlichen Mittzwanziger mit Ehrfurcht und Angst. Gottgleich.

Von nun an war L. ein Name wie ein Hammerschlag. Wer in Berlin unverzollte Zigaretten verkaufte, kam an dem 1,67 Meter kleinen Mann nicht vorbei. Seine Geliebte hatte während seiner Untersuchungshaft die Fäden in der Hand behalten, so dass er bald seine alten Standplätze zurückbekam. Der Zigarettenkrieg in Berlin tobte seit vier Jahren.

Acht Morde wurden ihm nun zur Last gelegt. Acht Menschenleben hatte er auslöschen lassen. Gnadenlos und eiskalt. Wer nicht spurte, wurde erschossen. Wer auf eigene Faust Geschäfte machte, blieb nicht lange am Leben. »LL« (Lebenslang) hieß das Urteil des Kriminalgerichts Moabit, wegen der besonderen Schwere der Schuld ohne Strafmilderung, in einem zähen Prozess, der sich sechs Jahre lang hinzog.

Warum wird ein Mann, der Liebling aller Lehrer war, nie die Schule schwänzte, ein braver Sohn war, zum Killer? Warum wird ein Frauenliebling, dessen sanfte Augen melancholisch in die Welt schauen, zum gnadenlosen Mörder? Warum wird ein Mann, der widerspruchslos seinen Eltern gehorchte, als sie ihn illegal zum Geldverdienen nach Deutschland schickten, zum Herrn über Leben und Tod? Um das herauszufinden, saßen Gutachter Werner Platz und eine Dolmetscherin vor Beginn des Prozesses dem Vietnamesen L. mehrfach gegenüber.

»Er trug gepflegte Anstaltskleidung, sprach äußerst leise und vermied Blickkontakt. Eine Erfahrung, die ich bei vielen Mördern machte. Erinnerungen an das Geschehene tun weh. Deshalb vermeiden sie oft jeden Gedanken an ihre Taten.«

Nach 2673 Tagen Untersuchungshaft unter erschwerten Umständen wurde er aus der U-Haft in Moabit in die JVA Tegel verlegt. L. lernte Deutsch, redete mit dem Anstaltspsychologen über seine Taten und beschäftigte sich intensiv mit dem katholischen Glauben.

15 Jahre nach den Taten sollte Dr. Platz den Vietnamesen wieder begutachten. Herr Duy Bao L. hatte den Antrag auf Erlassung der Reststrafe auf dem Gnadenweg gestellt. Hatte er sich in den langen Jahren der Haft so verändert, dass er keine Gefahr mehr für die Allgemeinheit darstellte? Wäre es möglich, dass sich ein Mensch vom achtfachen Mörder zum Gutmenschen änderte? Eine schwere Aufgabe für den Gerichtsgutachter. Was passiert, wenn der Täter noch einmal zuschlägt? Wenn ein Unschuldiger aufgrund des Prognosegutachtens sein Leben lassen muss?

Eine hundertprozentige Garantie gibt es nie. Es geht immer um Wahrscheinlichkeiten. Wie hoch ein Gutachter die Gefahr eines Rückfalls einschätzt. Im Leben von Dr. Platz gab es deshalb so manche schlaflose Nacht und viele Gespräche mit seiner Ehefrau und auch mit Kollegen. »Wir haben zwar Testmethoden und Fragebogen, die ziemlich genaue Schlüsse zulassen. Und die Gespräche und mein persönlicher Eindruck runden das Bild ab. Aber ein Restrisiko bleibt immer.«

Es war der 2. Juli 2011, 9.30 Uhr. Ein Tisch, drei Stühle, ein Schrank, ein vergittertes Fenster. Abgeschabter Fußboden und eine von der Decke hängende Lampe. Eine Liege, ein Handwaschbecken und die Hausordnung an der Wand. Ein schöner Raum sieht anders aus. Hier drückt alles auf die Stimmung. Die Tür fällt ins Schloss, dann sind Dr. Platz und die Dolmetscherin mit dem Häftling allein.

»Er hat über mehrere Jahre zweimal pro Woche intensive Gespräche mit einem Pastor geführt und ist gläubig geworden. Er hat viel über seine Taten geredet und er bereut sie. Dadurch, dass er sich im Gefängnis unauffällig benommen hat und keinerlei Kontakt zu seinen damaligen Mittätern suchte, sehe ich diese Reue auch als ehrlich an. Hatte er sich in der Zeit während des Prozesses sehr wenig mit den Taten auseinandergesetzt und sich mehr über die schlechte Zubereitung der Reisgerichte und über das Verfallsdatum der Nudeln beschwert, war er jetzt bereit, seine Schuld einzusehen. … Obwohl er gut Deutsch sprach, freute er sich, mit der Dolmetscherin in seiner Heimatsprache reden zu können. Er war depressiv und betonte mehrmals, dass er seine Unmenschlichkeit von damals bedaure. Wenn er über sein bisheriges Leben und über seine Zukunft nachdenke, mache ihn das sehr traurig. Er verstünde vieles nicht mehr, weil er damals immer nur an Geld und Macht gedacht habe. Aber er redete auch von der Möglichkeit, selber umgebracht zu werden. Er hatte Angst, ins Bett zu gehen, im Schlaf getötet zu werden oder einfach nicht mehr aufzuwachen.«

Sein damaliger Verteidiger erinnert sich:

»Es waren insgesamt 16 Angeklagte und 32 Pflichtverteidiger. Es war ein ungeheurer Aufwand. Mein Mandant war ein freundlicher Mensch, und träfe man ihn auf der Straße, käme niemand auf die Idee, einem achtfachen Mörder die Hand zu schütteln.« Der Pfeifenraucher blättert in der alten Akte herum. »Während unserer Beratungsgespräche tranken wir Tee, doch alles blieb sachlich und Privates kam selten zur Sprache. Auf seinen Wunsch hin brachte ich ihm eine deutsche und eine vietnamesische Bibel und ein Buch über Jesus' Leben mit.«

Im Prozess wird deutlich, was Dr. Platz mit den zwei Seiten eines Menschen meint. Auf der einen Seite der gnadenlose Killer. Auf der anderen Seite der Empfindliche, der sich ungerecht behandelt fühlte, weil seine frühere Freundin schlecht über ihn redete.

»Wie kann eine Frau, die mit mir das Bett geteilt hat, so über mich sprechen? Das verletzt mich sehr.«

In der Zwischenzeit hat L. ein Buch geschrieben. Einen Liebesroman, eine Mischung aus Wahrheit und Fiktion. Der Titel: *Die neuen Leiden des Mädchens Kieu.*

»Er wünschte sich sehr, seine über 80 Jahre alten Eltern noch einmal zu sehen. Er hat auch seit mehreren Jahren eine feste Beziehung, mit wöchentlichen Besuchen und einmal im Monat fünf Stunden Alleinsein. Seine Freundin war sogar schwanger von ihm, hat das Kind aber verloren. Zusammen wollen sie nach Vietnam zurück.«

Trotz des positiven Gutachtens, Herrn L. zu entlassen und nach Vietnam abzuschieben, sitzt der Vietnamese im Jahr 2020 immer noch in der JVA Tegel.

Der Bomber

Exakt um 2.03 Uhr in der Nacht machte es *wumm*. Zwei Männer mit Gummimasken hatten ein explosives Gasgemisch in den Geldautomaten der Berliner Volksbank in Berlin-Wilmersdorf geleitet und die Bombe mit einem umgebauten Elektroschocker gezündet. Es war der 20. August 2009.

Bernd S. und sein Komplize waren dem Reichtum nahe. Wochenlang hatten sie sich ausgemalt, wie es wäre, wenn sie mit genügend »Knete« durchs Leben gingen. Tolle Autos, weite Reisen und schöne Frauen. Nach dem *Wumm* glaubten sie, es geschafft zu haben. Als sich die Rauchschwaden verzogen, platzte ihr Traum. Der Geldautomat war zwar explodiert, die 117.840 Euro waren jedoch verbrannt. Wütend traten sie gegen den zerfetzten Automaten, dann verschwanden sie. Dass das Gebäude durch die Detonation beschädigt worden war, sich Wände durch die Druckwelle verschoben hatten, eine Reinigung und ein Lebensmittelgeschäft erheblich ramponiert worden waren, nahmen die Täter billigend in Kauf, wie es später im Juristendeutsch der Anklageschrift hieß.

Dreieinhalb Monate später der zweite Versuch. Es war der 1. Dezember 2009, 2.14 Uhr in der Nacht. Zwei Männer mit Eishockeymasken klebten die Linse der Überwachungskamera im Kassenvorraum einer Filiale der Volksbank zu. Dann leiteten sie das explosive Gasgemisch wieder in zwei Geldautomaten in Wilmersdorf. Das Zischen des einströmenden Gases wurde durch aufheulende Motoren in der Ferne übertönt. Die beiden schauten um sich.

»Wahrscheinlich ein paar Idioten, die ihre Karren ausprobieren wollen«, sagte der Kleinere.

Noch einmal blickten sie sich suchend um, nickten sich gegenseitig zu und verließen die Bank.

Zwei Minuten später drückte S. auf den roten Knopf des Elektroschockers und eine Explosion erschütterte das Gebäude. Die Sprengung der Geldautomaten war ein gigantischer Erfolg und machte die Männer um 224.444 Euro reicher. Griffbereit lag das Geld vor ihnen. Nicht verbrannt, noch nicht einmal angekohlt. Als die beiden den Tatort verließen, trugen sie zwei volle Taschen mit Bargeld fort, hinterließen zwei zersprengte Automaten, einen ramponierten Kontoauszugsdrucker, ein beschädigtes Gebäude und ein demoliertes Textilwarengeschäft. Nach dem Teilen der Beute trennten sich die beiden »Bomber« und hörten nie wieder etwas voneinander.

Für Bernd S. waren die Bombenanschläge nur ein Bruchteil seiner kriminellen Karriere. Man könnte ihn hinsichtlich seiner Verbrecherlaufbahn durchaus ein multiples Talent nennen. Mit 13 Jahren die ersten Einbrüche. Teils, um von den anderen bewundert zu werden, teils, um seinen eigenen Alkohol- und Zigarettenkonsum zu befriedigen. Nach dem Realschulabschluss eine abgebrochene Banklehre. Danach finanzierte er sein Leben mit Diebstahl und Betrug. Mitte 2000 eineinhalb Jahre Haft wegen versuchten Raubes. Danach eine Latte von Diebstählen, Fahren ohne Führerschein, Alkohol am Steuer und Fahrerflucht.

Nach verbüßter Haftstrafe erweiterte S. sein »Geschäftsfeld« und wurde »Kunde« bei verschiedenen Versandhäusern. Mit dem Verkauf der bestellten, aber nicht bezahlten Waren finanzierte er fortan sein Leben. Zu diesem Zeitpunkt war der Angeklagte, wie das Gericht später feststellte, bereits stark alkohol- und drogenabhängig und brauchte das Geld, um seinen Konsum zu finanzieren. 24 Halbliterdosen Bier und eine Flasche Schnaps waren seine tägliche Ration. Vergeblich versuchte er der Sucht zu entkommen, doch Kokain, Heroin und Alkohol bestimmten sein Leben.

Nach einem Verkehrsunfall unter Drogeneinfluss verurteilte ihn das Landgericht Leipzig zu einer zweijährigen Strafe. Nach Verbüßung der Haft gelang es ihm, den Alkoholkonsum zu reduzieren, doch dafür schniefte er täglich Kokain. Inzwischen hatten ihn die Versandhäuser als »faulen« Kunden gesperrt und nicht mehr beliefert. Um seinen Drogenkonsum von 50 bis 100 Euro täglich zu finanzieren, stieg er selbst in den Versandhandel mit elektronischen Geräten ein. Mit professionell gestalteten Webseiten und attraktiven Rabatten lockte er Käufer an. Gefrierkombinationen für 400 Euro, Waschmaschinen für unter 200. Staubsauger, Kaffeevollautomaten, Fernseher und

Wäschetrockner fanden schnell ihre Käufer. Doch die angebotenen Waren gab es nicht. Hatten die Käufer per Vorkasse das Geld überwiesen, hörten sie von S. nichts mehr. Das Geld ließ er auf Konten von zwei seiner Freundinnen überweisen, die von seinen Betrügereien nichts ahnten.

Am 3. November 2011 verurteilte ihn das Landgericht Leipzig wegen gewerbsmäßigen Betruges in insgesamt 1130 Fällen zu neun Jahren und drei Monaten Gefängnis. Ferner wurde die Unterbringung von Bernd S. in eine Entziehungsanstalt des Maßregelvollzuges angeordnet. Der Angeklagte handelte in allen Fällen, wie das Gericht urteilte, um aus dem Erlös seinen Lebensunterhalt und seinen Drogenkonsum zu finanzieren. Erschwerend kam hinzu, dass der Angeklagte zwei unschuldige junge Frauen für seine Betrügereien benutzt hatte. Unter Vorspiegelung von Liebe nutzte er ihre Einsamkeit und Naivität aus, ihre Namen für Gewerbeanmeldung und Bankkonten herzugeben. Entstandener Schaden: knapp 300.000 Euro.

Zu seinen Gunsten erkannte das Gericht an, dass er geständig war, das Verfahren dadurch abgekürzt werden konnte und dass es ihm die Opfer leicht gemacht hatten. Zu seinem Nachteil sprach, dass er einschlägig vorbestraft war und eine hohe kriminelle Energie entwickelt hatte. Eingeschränkte Schuldfähigkeit konnte die Strafkammer nicht feststellen. Denn trotz seiner Sucht war der Angeklagte problemlos in der Lage gewesen, die zur Tat erforderlichen Schritte wie Webseitenerstellung, Vertragsabwicklung, Kontoeröffnungen und Geldabhebungen zu organisieren.

Es war ein warmer Sommertag im Juli 2017. Die Sonne war morgens um 5.13 Uhr aufgegangen und Werner Platz saß um kurz vor sieben bereits an seinem Schreibtisch. Wie immer hatte er gemeinsam mit seiner Frau gefrühstückt und war anschließend in die Praxis gefahren. Die Wetterfrau im Autoradio verriet ihren Hörern, dass Regentief Alfred sich näherte und es der nasseste Juli seit 24 Jahren werden würde.

Werner Platz schüttelte den Kopf. Wusste er doch, dass die Aussagen der Wetterfrösche oft genauso wenig wahr waren wie die Aussagen einiger seiner Patienten. Für Platz beides kein Problem. Seine Patienten verrieten sich oft durch Gesten und Mimik, denn eine Konversation besteht zur Hälfte aus Nonverbalem. Und für unverhofften Regen, obwohl Sonnenschein angesagt war, hatte Dr. Platz stets einen zusammenklappbaren Regenschirm dabei.

Es war noch früh am Morgen und er hatte genügend Zeit, den Aktenordner über Bernd S. noch einmal durchzublättern. Anklageschriften, Einschätzung der Ärzte aus dem Maßregelvollzug, Lebenslauf und das Gutachten eines Kollegen zeigten auf 412 Seiten einen Blick auf das Leben des Verurteilten.

»Herr S. war schon im offenen Vollzug und arbeitete als Auslieferungsfahrer in einem landwirtschaftlichen Betrieb. Ich sollte ihn dahingehend begutachten, ob er nach Verbüßung von zwei Dritteln seiner Strafe vorzeitig entlassen werden könne. Außerdem wollte die 97. Strafkammer des Landgerichts Berlin wissen, ob außerhalb des Strafvollzugs keine erheblichen strafrechtswidrigen Taten zu erwarten seien und welche Nachsorgemöglichkeiten getroffen werden könnten.«

Die Lebensgeschichte von S. liest sich wie ein Kriminalroman, der böse beginnt und dennoch auf ein gutes Ende hoffen lässt. S. war zwei Jahre alt, als ihn sein Vater hilflos und allein im Kinderbett liegend zurückließ und auf Nimmerwiedersehen verschwand. Kein Essen, kein Trinken, durchnässte Windeln. Niemand hörte seine Schreie. Keiner sah die ausgestreckten Ärmchen, die nach Hilfe suchten. Er schlief erschöpft ein, wachte auf, schrie weiter. So ging es vierzehn Stunden lang. Erst als seine Mutter um Mitternacht von der Arbeit im Krankenhaus nach Hause kam, hatte sein Martyrium ein Ende. Sie gab ihm die Flasche, die er gierig aussaugte, wechselte seine Windeln, streichelte ihn und tröstete ihn mit leisen Worten. Für S. war das Alleinlassen ein traumatisches Erlebnis, das ihn bis heute nicht in Ruhe lässt. Die Angst vor dem Verlassenwerden wurde sein ständiger Begleiter.

Als S. am späten Nachmittag des 24. Juli 2017 von Dr. Werner Platz in seiner Praxis begutachtet wurde, erschien er in Jeans, Turnschuhen, gebügeltem Hemd und kurz geschnittenen Haaren. S. war ein gepflegter Mann mit gutem Benehmen. Ein Mann, dem die Frauen gern nachschauten und der vielen Müttern als geeigneter Schwiegersohn erschien. Das Wartezimmer war leer und S. der letzte Patient. Auf der Straße bellte ein Hund. Ein Pärchen stritt. Bernd S. beobachtete, wie ein Mann vergeblich einzuparken versuchte und nach dem dritten Anlauf aufgab. S. schüttelte den Kopf und schmunzelte. Er selbst war ein guter Autofahrer und auch das Einparken mit einem Lkw plus Hänger machte ihm keine Schwierigkeiten.

»Für das Gutachten waren zwei Termine angesetzt. An beiden Tagen war S. pünktlich erschienen und arbeitete intensiv und zielstrebig mit. Sein Ziel: Er wollte so schnell wie möglich aus der Haft entlassen werden und zu seiner Freundin und ihren beiden Kindern ziehen. Außerdem verriet er mir gleich am Anfang unseres Gesprächs, dass er selbst auch bald Vater werden würde. Darüber sei er sehr glücklich, denn er wollte endlich ein normales Leben führen.«

Die Gesprächssituation war entspannt, freundlich und aufgeschlossen. S. arbeitete zügig und konzentriert mit, vermerkte Werner Platz in seinen Unterlagen.

»Herr S. schilderte, dass sich sein Leben in den letzten Jahren völlig verändert habe. Er wäre weniger sprunghaft und sein Drang, ständig Neues erleben zu müssen, hätte sich ins Gegenteil gekehrt.«

Beim psychologischen Test zur Selbsteinschätzung gab S. an, die Wochenenden und die Abende, an denen er Ausgang hatte, am liebsten mit seiner Freundin und den Kindern zu verbringen. Bei ihnen fühle er sich wohl und als Mensch und Mann gut aufgenommen. Weiterhin beschrieb er sich als ehrlich und als einen nicht sehr energischen Menschen. Auch lebe er nicht stets in Einklang mit sich selbst und die täglichen Belastungen würden ihn schnell ermüden. Den Intelligenztest schloss er mit einem IQ von 94 ab, was im Durchschnittsbereich liegt. Seine intellektuelle Leistungsfähigkeit lag allerdings deutlich unter dem Normbereich seiner Alters- und Geschlechtsgruppe.

»Doch da Bernd S. sich sehr zurückhaltend zeigte, kann dieser Test als nicht verlässlich interpretiert werden. Doch eine Depression kann ausgeschlossen werden«, schrieb Gutachter Platz in seinen Ausführungen an das Gericht.

Doch wie kommt ein Mensch, der sich selbst als ehrlich, zurückhaltend, familiär und wenig energisch bezeichnet, zu einer solchen kriminellen Karriere?

»Ein Mensch muss stets als Ganzes betrachtet werden. Es sind tausend Puzzleteile, die sich im Laufe von Jahren zu dem zusammenfügen, was ihn als Ganzes ausmacht. Zum einen spielen die Gene eine Rolle, aber auch die Prägung durch Familie, Schule, Freunde und Umwelt. Bei S. spielte das Verlassenwerden durch den Vater und die dadurch empfundene Angst und Hilflosigkeit eine primäre Rolle in seinem Leben.«

Als S. von seiner Kindheit berichtete, verspannte sich seine Körperhaltung. Seine Hände wurden zu Fäusten und sein Blick senkte sich.

»Wenn ich an meine Kindheit denke, halte ich unwillkürlich den Atem an und bekomme sofort ein flaues Gefühl im Magen. Doch im Maßregelvollzug habe ich gelernt, damit besser umzugehen und mich von dieser Angst nicht mehr vollständig beherrschen zu lassen.« Es war ihm anzusehen, dass ihn das Sprechen emotional sehr berührte. »Heute weiß ich, dass Klauen, Kiffen und Koksen keine Lösung waren. Aber ich hatte nie gelernt, mit Stress anders umzugehen, als mich zuzudröhnen.«

Dann bat er Dr. Platz um eine Raucherpause. Das sei inzwischen sein einziges Laster, erklärte er. Früher habe er 60 Zigaretten am Tag geraucht, heute nur noch fünfzehn, erzählte er stolz. Auch dass er seit fünf Jahren clean und trocken sei, mache ihm gute Gefühle. Das Kartenspielen habe er ebenfalls aufgegeben. Früher sei er oft zum Zocken nach Prag und San Remo gefahren. Doch außer 80.000 Euro Schulden war nichts geblieben.

Langsam ging Bernd S. auf die Straße hinaus, blieb am Fahrradständer stehen und zündete sich eine Zigarette an. Die vorbeilaufenden Passanten sahen einen rauchenden Mann von Mitte dreißig, der unruhig hin und her lief. Keiner ahnte, was gerade in seinem Kopf vorging.

Während S. hastig den Rauch der Zigarette inhalierte, zog seine Vergangenheit bruchstückhaft an ihm vorbei. Noch einmal spürte er die Angst von damals, als ihm die Dealer auf die Pelle rückten und Schulden eintreiben wollten. Ihretwegen flüchtete er nach Halle, wollte in einer anderen Stadt ganz von vorn beginnen. Er erinnerte sich an die Frau, von der er sich Halt und Hilfe erhofft hatte. Schön war sie gewesen. Schlank mit schulterlangen dunklen Haaren. Der Sex mit ihr war außerirdisch und er war sich sicher gewesen: *Alles wird gut.*

Doch die Arbeit, die Verantwortung für die Frau und ihre beiden Kinder erdrückten ihn. Alkohol und Kokain befreiten ihn von dieser Angst und wurden wieder zum ständigen Begleiter. Die Frau verließ ihn, ohne Geld stand er auf der Straße und hatte keine Bleibe. Das Gesicht seines Großvaters tauchte auf. Auch jetzt, nach so vielen Jahren, spürte er wieder den Schmerz, den er empfand, als sein Opa starb. Bernd S. drückte die Kippe aus und ging in die Praxis zurück.

Dr. Platz hatte inzwischen noch einmal in der Akte geblättert und fragte Bernd S., wann und wie er in die rechte Szene gerutscht wäre.

»Durch einen alten Haftkumpel. Wir hatten den gleichen Musikgeschmack und so kam eins zum anderen. Es wurde viel getrunken und gefeiert. Bei einer Schlägerei habe ich einem Typen eine Bierflasche auf den Kopf gehauen. Ich war ziemlich voll gewesen und konnte mich später kaum noch daran erinnern.«

Was dann geschah, hätte sich kein Drehbuchautor besser ausdenken können. Obwohl die Polizei verbotene Naziabzeichen bei ihm fand, wurde Bernd S. nicht angezeigt. Wie sich später herausstellte, hatte der Staatsschutz bereits seine Finger nach ihm ausgestreckt.

»Auf einer Tankstelle sprach mich ein Fremder an. Er trug eine schwarze Lederjacke und einen Motorradhelm, so dass ich nur seine Augen sah. Innerhalb einer Minute machte er mir knallhart klar: entweder Knast oder V-Mann für den Verfassungsschutz. Aus Angst, wieder eingesperrt zu werden, sagte ich zu. Doch die Nummer war zu groß für mich. Ich wurde paranoid, fühlte mich verfolgt und traute mich kaum noch auf die Straße.«

Erneute Flucht. Diesmal nach Berlin. Im Rotlichtmilieu besorgte er sich falsche Papiere. Dann habe er seine jetzige Verlobte kennengelernt und wieder hatte er das Gefühl: *Alles wird gut.* Und wieder kam alles anders.

»Ich weiß bis heute nicht, was mich geritten hat, die Geldautomaten zu sprengen. Jedenfalls hat man am Tatort DNA von mir gefunden, mein Handy geortet und mich verhaftet. So doof, wie es klingt. Ich war erleichtert. Ich hatte keine Kraft mehr für das Doppelleben. Verbrecher und Familienvater, beides zusammen ging nicht mehr.«

Hinter Gittern begann das große Zittern. Bernd S. erlebte so heftige Entzugserscheinungen, dass er Angst hatte zu sterben. Das war der Moment, wie er nun beteuerte, der sein Leben und sein Denken völlig veränderte.

»Ich konnte nicht schlafen, hatte Schüttelfrost, Fieber, Herzrasen. Mein Körper schmerzte und ich hatte Angst zu ersticken. Es war die Hölle. Der Anstaltsarzt gab mir Medikamente gegen diesen Wahnsinn. Diese Stunden in Todesangst haben mich wachgerüttelt. Ich begann eine Therapie, besuchte die Gruppen der Anonymen Alkoholiker und führte Gespräche mit Sozialarbeitern der Stadtmission. «

Jetzt, fünf Jahre später, war er noch immer clean und trocken. Bei mehrmaligen und nicht angekündigten Urin-, Blut- und Atemkontrollen sei er kein einziges Mal aufgefallen, bescheinigte die Anstaltsleitung. Er habe regelmäßig gearbeitet, seinen Lkw-Führerschein gemacht, den europäischen Computerführerschein bestanden und sei jetzt auf der Suche nach einer Anstellung im IT-Bereich.

»Herr S. machte einen zufriedenen Eindruck und war sich darüber im Klaren, wie er sein Leben in Freiheit gestalten will. Nur eines bereite ihm immer noch Kopfschmerzen: Die Schuld gegenüber den beiden Frauen, die er in seine Betrügereien hineingezogen hatte. Mehrmals habe er versucht, sich bei ihnen zu entschuldigen, und angeboten, den Schaden wiedergutzumachen. Doch ohne Erfolg.«

Nach dem persönlichen Gespräch und der Auswertung der Testbogen hieß es im Gutachten: »Eine Entlassung nach Verbüßung der Zweidrittelstrafe kann empfohlen werden. Aus forensisch-psychiatrischer Sicht sind, bis auf ein Restrisiko, keine erheblichen rechtswidrigen Taten mehr zu erwarten. Folgende

Nachsorge wird allerdings empfohlen: Besuch von Selbsthilfegruppen und Einzelgespräche. Es muss ein Notfallplan für einen eventuellen Rückfall erstellt werden. Die Verbindung zur Stadtmission muss erhalten bleiben. Für Bernd S. ein guter Start in sein neues Leben.«

Vier Monate später saß Bernd S. ein weiteres Mal Dr. Platz gegenüber und bat um ein weiteres Gutachten. Er wollte seinen Namen ändern. Für Menschen, die Arsch, Krummbein, Kommode oder Dummkopf heißen und sich einen anderen Namen wünschen, hat jeder Verständnis. Doch es gibt auch andere Gründe. So wie bei Bernd S.

»Er wollte sein altes Leben hinter sich lassen. Und das, bevor sein eigenes Kind geboren wird. Der Name des Vaters, der ihn mit zwei Jahren allein in der Wohnung zurückgelassen hatte, bleibt bis heute ein Trauma für ihn. Die aus der *broken home*-Situation entwickelte Persönlichkeitsveränderung stellt eine seelische Belastung dar, die aufgrund traumatisierender Erlebnisse mit diesem Namen zu dissozialen Fehlhandlungen führen kann. Deshalb wird aus nervenärztlicher Sicht der Wunsch nach einer Namensänderung vorbehaltlos unterstützt. Herr S. würde dadurch seelisch entlastet werden.«

Tödliche Schüsse im Viktoriapark

Ein Sommertag im August 2004. Die Terrassen der Cafés waren überfüllt – die Menschen lachten, flirteten, machten Witze und tranken Erfrischungsgetränke, Wein oder Bier. Keiner der Caféhausbesucher ahnte, dass es ein dunkler Tag werden würde. Auch Süleyman U. nicht. Wollte er doch nur tausend Euro von einem Bekannten haben, der ihm das Geld für einen Autokauf schuldete. Dass es dabei einen Toten und zwei Schwerverletzte geben würde, war nicht beabsichtigt. Was dann bei der Geldübergabe am Fuße des Wasserfalls im Viktoriapark in Berlin-Kreuzberg passierte, erinnerte an das Chicago der 1920er Jahre. Gewalt pur.

Die Abenddämmerung hatte eingesetzt, die Schatten der Bäume waren länger geworden und ein leichter Wind machte die sommerlichen Temperaturen erträglich. Ein junges Pärchen war aus dem Auto gestiegen und Hand in Hand zum Italiener an der Kreuzberg- / Ecke Katzbachstraße geschlendert. Vergeblich suchten sie einen Tisch. Das Restaurant war bis auf dem letzten Stuhl besetzt. Sie maulte, er nahm sie in den Arm. Sie küssten sich. Exakt in diesem Moment knallte es vier oder fünf Mal. Genau konnte es später niemand sagen. Alle dachten an die Fehlzündung eines Motors. Erst Sekunden später wurde ihnen klar: Es war geschossen worden. Einige rannten weg, andere versteckten sich in den Hauseingängen. Das Pärchen lief zu seinem Auto und gab Gas. Die Salve aus einer Maschinenpistole hörten sie nicht mehr. Auch nicht, dass Süleyman das Magazin seiner Double Eagle 45 leer schoss. Ein Komplize holte einen mitgebrachten Knüppel aus dem schwarzen BMW und schlug um sich.

Als die Polizei eintraf, war der Spuk vorbei und alle Beteiligten waren verschwunden. Allein ein Toter und zwei Schwerverletzte blieben auf dem Bürgersteig zurück. Doch die Freiheit der Verantwortlichen war nur von kurzer Dauer. Wenige Tage später saßen alle in U-Haft. Süleyman wurde als Haupttäter wegen Totschlags und wegen Verstoßes gegen das Betäubungsmittelgesetz zu 13 Jahren Freiheitsstrafe verurteilt.

15 Jahre und eine weitere Straftat später. »Auf Beschluss des Landgerichts vom 16. Januar 2019 sollte ich ein kriminologisches Gutachten anfertigen und feststellen, ob eine Aussetzung der Reststrafe des Angeklagten aus psychiatrischer Sicht zu verantworten wäre«, erzählt Gerichtspsychiater Werner Platz. »Das Gutachten sollte zeigen, ob die bei der Tat zutage getretene Gefährlichkeit des Verurteilten fortbesteht.«

Das Gespräch für das psychiatrisch-kriminalprognostische Gutachten fand am 18. März 2019 um 18 Uhr in Werner Platz' Praxis statt.

»Ich hatte noch eine halbe Stunde Zeit und blätterte die Akte von Süleyman U. durch. Der Ordner war so prall gefüllt, dass die oberen Blätter kaum noch Platz hatten und fast aus dem Bügel sprangen. Ich nahm mir vor, die Unterlagen später auf zwei Aktenordner zu verteilen.«

Es war ein angenehmer Frühlingsabend. Späte Sonnenstrahlen schoben sich durch das Blätterwerk, ein Streifenwagen fuhr mit Blaulicht und Sirene vorbei. Ein Hund bellte, als eine Autotür zugeschlagen wurde. In der Praxis roch es nach frischem Kaffee. Werner Platz las: U. wurde in der Türkei geboren, wuchs die ersten drei Jahre bei Verwandten auf, während seine Eltern schon in Berlin waren. Nachdem sie sich eingelebt hatten, holten sie ihren Sohn nach. Die Familie lebte in beengten, aber nicht ärmlichen Verhältnissen mit weiteren fünf Kindern in einer Kreuzberger Zweizimmerwohnung. Miete mussten sie nicht zahlen, da der Vater die Hauswartsstelle übernommen hatte, las Platz auf Seite zehn … Dann klopfte es an der Tür. Fünf Minuten vor der vereinbarten Zeit betrat Süleyman U. das Praxiszimmer.

»Er grüßte höflich, wirkte gepflegt, trug ein kariertes Hemd und Jeans und war frisch rasiert. Ich schob meine Tasse zur Seite und fragte ihn, ob er auch einen Kaffee wolle. Er nickte. Als er den dicken Aktenordner sah, fragte er mich, ob da drin sein ganzes Leben festgehalten wäre. Ich nickte. Er schwieg. Der Kaffee kam und Herr U. trank.«

Es gibt Menschen, die lieber schweigen, als etwas über sich zu erzählen. Herr U. gehörte nicht dazu. Platz schildert ihn als kooperativ und mitteilsam.

»Nach ein paar einführenden Worten, in denen ich ihm mitteilte, dass unsere Sitzung nicht der ärztlichen Schweigepflicht unterliege, er aber jederzeit die Aussage verweigern könne, ohne dass ihm dadurch rechtliche Nachteile entstünden, erklärte ich ihm auch die beiden Testverfahren, die ich anwenden wollte.«

Als Erstes wurde U. gebeten, sich dem Rosenzweig-Picture-Frustration-Test zu unterziehen. Sein Ziel: Anhand von 24 comicartigen Bildern das Verhalten eines Probanden in Alltagsituationen zu erkennen. Auf jedem Bild sind zwei Figuren mit Sprechblasen zu sehen. Eine Sprechblase ist mit einem für die andere Figur frustrierenden Satz ausgefüllt, die andere ist leer. Die Figuren haben keine Gesichter, die Aufschluss über ihren Gemütszustand geben könnten. Der Proband soll nun eine Antwort in die leere Sprechblase einfügen. Er soll nicht lange überlegen, sondern das aufschreiben, was ihm zuerst einfällt.

Beispielsituationen der Bilder:

Eine Person möchte sich fünf Bücher in der Bibliothek ausleihen und wird darauf aufmerksam gemacht, dass nur zwei zulässig sind.

Nachts um zwei klingelt das Telefon und der Anrufer entschuldigt sich: *falsch verbunden.*

Ein Mann wird zu Unrecht als Lügner bezeichnet.

Ein Mann zum anderen: »Deine Freundin hat mich zum Tanzen eingeladen, weil du keine Zeit hast.«

»Nach Beendigung des Tests machten wir zehn Minuten Pause. Er nutzte die Zeit, um frische Luft zu schnappen. Danach setzten wir das Gespräch fort. Als wir auf seine Familie zu sprechen kamen, sprudelte es nur so aus ihm heraus. Sein Vater habe als Hausmeister einen ganzen Wohnblock betreut und wurde von den Nachbarn und Mitbewohnern geachtet und geschätzt. Er sei sehr stolz auf ihn gewesen und habe ihn immer als Vorbild erlebt. Er habe sich bis zu seinem Tod liebevoll um seine Kinder gekümmert, sie niemals geschlagen, aber immer gefördert. Sein Vater war für ihn nicht nur eine Respektperson gewesen, er fühlte sich auch emotional stark zu ihm hingezogen. Die Mutter beschrieb er als eine gutmütige, fleißige Frau, die fürsorglich die Familie umhegte. Alles in allem schilderte er seine Kindheit als eine Zeit, an die er gerne zurückdenkt.«

Nach dem erweiterten Hauptschulabschluss begann U. eine Ausbildung zum Kommunikationselektroniker. Seine Leistungen waren gut, die Ausbilder mit ihm zufrieden. Das änderte sich schlagartig, als sein Vater an Bronchialkrebs starb. Er brach seine Lehre ab und musste als ältester Sohn entsprechend der Tradition die Rolle des Vaters in der Familie übernehmen.

»Ich musste viel Geld verdienen, um meine Mutter und meine fünf Geschwister zu ernähren. Damit war ich völlig überfordert und hatte Angst, meine Aufgabe nicht erfüllen zu können. Trotzdem schaffte ich es, mich vom Hilfsarbeiter zum Maschinenführer hochzuarbeiten. Dann gab es mehrmals Meinungsverschiedenheiten mit dem Vorarbeiter und ich wurde entlassen.«

Die nächsten Jahre waren nicht von Erfolg gekrönt. U. rutschte sozial stark ab. Seine dissoziale Entwicklung zeigte sich in 15 Eintragungen im Bundeszentralregister. Keine großen Straftaten, eher Kleinigkeiten wie Hausfriedensbruch, versuchter Diebstahl, Beleidigung und Vergehen gegen das Pflichtversicherungsgesetz. Auch die Beziehung zu seiner Freundin, die ein Kind von ihm erwartete, ging in die Brüche.

»Nach seinen Aussagen begann er ab 1991 regelmäßig zu kiffen. Er bemühte sich zwar um Arbeit, doch aufgrund seiner Autoritätsprobleme entzündeten sich immer neue Konflikte. Dann sprach er über die Geschichte, die zum Schusswechsel und zu seiner Verurteilung geführt hatte.«

Da Süleyman U. sich während seiner Haftzeit gut geführt und engagiert in der Theatergruppe mitgearbeitet hatte, kam er nach sieben Jahren in den offenen Vollzug und wurde Hausmeister bei einer Immobilienfirma. Sein Chef bescheinigte ihm Eigeninitiative, Pflichtbewusstsein und Belastbarkeit. Daraufhin stellte sein Anwalt den Antrag, die Restfreiheitsstrafe zur Bewährung auszusetzen. Wegen dieser positiven Entwicklung beschloss das Landgericht am 7. Februar 2012, die Strafe auf fünf Jahre zur Bewährung auszusetzen. Doch offenbar zu früh: Am 23. Februar 2015 wurde U. wegen Beihilfe zum bandenmäßigen unerlaubten Handel mit Betäubungsmitteln in nicht geringer Menge zu eineinhalb Jahren Haft verurteilt. Gemeinsam mit anderen hatte er eine Hanfplantage betrieben.

Ein Antrag auf Strafaufschub um vier Monate, um sich auf die theoretische Prüfung zum Elektroniker vorbereiten zu können, wurde genehmigt. Der Antrag auf Erlassung der Reststrafe abgelehnt. Begründung: Die JVA des Offenen Vollzuges Berlin gehe von einer Vollverbüßung der Strafe aus, da er aus dem offenen Vollzug heraus die letzte Straftat begangen habe.

Zur Klärung einer verkürzten Haftdauer wurde nun also Dr. Platz im März 2019 um ein Gutachten gebeten.

»Als Herr U. in meiner Praxis erschien, erklärte er, er habe vor einigen Wochen seine Prüfung als Elektroniker bestanden und arbeite zurzeit als Kundenberater. Er bedaure zwar, dass er vor Jahren die Ausbildung bei der Post abgebrochen habe, aber nun sei er stolz, alles nachgeholt zu haben. Er treibe auch viel Sport und habe erfolgreich an einem Antigewalt-Training teilgenommen. Alkohol trinke er grundsätzlich nicht. Aber das habe keine religiösen Gründe. Für das Geld kaufe er seinem Sohn lieber Legosteine. Er reagiere auch nicht mehr so extrem wie früher. In Bezug auf seine Zukunft fühle er sich weder ängstlich noch gestresst. Inzwischen wisse er, dass er etwas leisten könne.«

Im Gutachten von Dr. Platz heißt es:

»Bei Herrn U. liegt keine psychische Störung vor. Er zeigt Einsicht in sein Fehlverhalten und nahm an den Maßnahmen zur Verringerung der Rückfallquote teil. Seine Lebensgestaltung ist strukturiert und er hat nach der Haftentlassung eine gesicherte Unterkunft und Halt bei seiner Ehefrau, dem gemeinsamen Kind und seiner Herkunftsfamilie. Von seinen früheren Kontakten habe er sich gelöst. Im Vergleich zu einem 2013 gemachten Gutachten hat sich seine Einstellung zu den Taten zum Positiven hin verändert. Die Begehung gewalttätiger krimineller Rückfälle ist niedrig bis sehr niedrig. Nach der klinisch-globalen Prognoseeinschätzung besteht bei Herrn U. aus forensisch-psychiatrischer Sicht – bis auf ein Restrisiko – keine Gefahr mehr, dass die durch die Tat zutage getretene Gefährlichkeit fortbesteht, sofern die nachstehend empfohlenen Maßnahmen eingehalten werden:

- Jeder Wohnungs- und Arbeitsplatzwechsel ist unverzüglich der Aufsichtsstelle zu melden.
- Der Selbstmanagementplan soll mit dem zuständigen Bewährungshelfer besprochen werden.
- Kontakt zu einer Suchtberatungsstelle soll hergestellt werden.
- Sporadische Urinkontrollen sollen durchgeführt werden.
- Zu empfehlen ist auch regelmäßiger Kontakt zu den Sozialen Diensten der Justiz.«

Der Scherenmord

Es ist still an diesem 20. Februar 2019 im Berliner Ortsteil Lichtenrade. Beunruhigend still. Sogar der Wasserhahn hat sein Tropfen aufgegeben. Kühle Luft weht durch das halboffene Küchenfenster. Im Flur ein leises Geräusch. Ein Mensch schlurft über den Korridor einer Zweizimmerwohnung in Richtung Schlafzimmer. Die Szene ist gespenstisch wie aus einem Horrorfilm.

Im Schlafzimmer beleuchtet das Licht der Nachttischlampe ein kleines Mädchen, das sich an seinen Vater kuschelt. Beide liegen im Bett. Eine Frau schleicht hinein, bleibt an der Türschwelle stehen. In der Hand hält sie eine 25 Zentimeter lange Schere. Schritt für Schritt tritt die Frau weiter ins Zimmer, bleibt noch einmal zögernd stehen, atmet tief durch. Dann setzt sie sich auf das Bett. Langsam öffnet sie die Schere, streicht mit den Fingerkuppen über die Schneide …

Dann geschieht das Unfassbare. Mit einem heftigen Schnitt durchtrennt die Mutter den Hals ihrer dreijährigen Tochter. Kein Schrei, nicht einmal ein Stöhnen oder Röcheln kommt aus dem Mund des Kindes. Der Vater schreckt auf, glaubt sich in einem Alptraum, bis er das Blut sieht. Er entreißt seiner Frau die Schere, wirft sie zu Boden. Dann springt er aus dem Bett, rennt ins Wohnzimmer und wählt die 112. Was danach geschah, wisse er nicht mehr. Alles sei wie in einem dunklen Tunnel verborgen.

»Die Welt ist schlecht. Ich wollte nicht, dass meine Tochter leidet. Ich habe das getan, was ich auch gerne für mich getan hätte – die Todesstrafe«, gab die 44-jährige Mutter noch am Tatort zu Protokoll.

»Ich habe die Schere genommen, als Maja und mein Mann eingeschlafen waren, habe mich dann so hingesetzt, dass mein Mann mich nicht sehen konnte; mit dem Rücken zu ihm und mit dem Gesicht zu Maja. Dann habe ich es getan … habe ihr die Kehle durchgeschnitten.« Die Luftröhre sei durchtrennt worden, ebenfalls durchgeschnitten seien die linke Halsschlagader, die Speiseröhre und die Drosselvene. Der Schnitt sei mit großer Wucht ausgeführt worden, wie es im Obduktionsbericht heißt.

Der Notruf kam um 21.23 Uhr. *Mutter tötet Kind …* alle Sonder- und Wegerechte sind eingeräumt. Mit Blaulicht und Sirene rasten drei Funkwagen durch Lichtenrade.

Was die sechs Polizisten in der Wohnung im fünften Stock des Neubaus sahen, würden sie nie mehr vergessen. Blut, Blut, überall Blut.

»Schon im Flur waren die ersten Spritzer verteilt, auch im Wohnzimmer, und ganz besonders schlimm sah es im Schlafzimmer aus«, gab einer der Beamten zu Protokoll.

Doch das Grausamste war der Anblick des kleinen Mädchens im Bett. Blutüberströmt und leichenblass.

Ein Polizist beugte sich über das Gesicht der Dreijährigen und begann das Kind zu reanimieren, minutenlang, bis zum Eintreffen des Notarztes. Maja verstarb um 22.51 Uhr im Neuköllner Krankenhaus.

Dr. Werner Platz hatte bereits seinen Koffer gepackt. Fünf Tage Italien mit seiner Frau. Da würde der kleine grüne Rollkoffer genügen. Es sollte auch kein Erholungsurlaub werden. Er und seine Frau fuhren zum alljährlichen Forensikerkongress nach Rom. Neben vier Hemden, drei Hosen und vier Krawatten (der Doktor liebt Krawatten) verstaute er noch ein Fachbuch über forensische Psychiatrie, das erst vor ein paar Tagen auf den Markt gekommen war, im Gepäck. Bis zum Abflug blieben ihm drei Stunden. Genügend Zeit, schnell noch in die Praxis zu fahren und nach Post zu schauen.

Der Brief der Staatsanwaltschaft lag gleich oben auf dem Stapel.

»Ich sollte die Begutachtung von Alexandra K. übernehmen, die wegen heimtückischen Mordes an ihrer Tochter angeklagt war. Es ging um die Feststellung, ob bei ihr zum Zeitpunkt der Tat eine krankhafte Störung oder eine andere seelische Abartigkeit vorliege, die Einfluss auf ihre Einsichtsfähigkeit gehabt habe. Ich sollte feststellen, ob weitere Taten zu erwarten seien und Frau K. für die Allgemeinheit gefährlich wäre«, erzählt Werner Platz.

Ein Blick in den Terminkalender zeigte ihm, dass

die Exploration am 11. und 18. Mai möglich wäre. Per E-Mail teilte Platz der Staatanwaltschaft die Daten mit. Dann ging es ab nach Rom.

18. Mai 2019. Werner Platz besuchte die Beschuldigte im Krankenhaus des Maßregelvollzuges, das sich auf dem Gelände der ehemaligen Karl-Bonhoeffer-Nervenklinik befindet. Obwohl er hier jahrelang selbst seine Praxis gehabt hatte und ihn noch jeder kannte, musste auch er sich vor dem Zutritt ins Haus durchsuchen lassen.

»Nachdem alle Sicherheitsmaßnahmen durchgeführt waren, wartete ich im Raum 08 im ersten Stock auf Alexandra K. Es roch nach Bohnerwachs, denn die Putzfrau hatte gerade ihre Arbeit beendet. Der Stuhl, auf den ich mich setzte, hatte schon bessere Tage erlebt und die zerkratzte Tischplatte zeugte von vielen nervösen Menschen, die hier mal gewartet gaben. Der Blick auf das vergitterte Fenster war auch nicht ermunternd. Doch Sicherheit geht vor Schönheit und Gemütlichkeit.

Nach zehn Minuten wurde Alexandra K. von zwei Vollzugsbeamtinnen hereingebracht. Sie lief gebeugt und langsam auf mich zu, wie jemand, der sich in der Situation und Umgebung fremd fühlt. Ihr Händedruck war schlaff. Sie wirkte schüchtern und ihr graues Kleid passte gut zu der Stimmung, die hier herrschte. Bevor sie sich setzte, blickte sie sich nach allen Seiten um, als ob sie noch Besuch erwarten würde.«

Auf die Frage von Dr. Platz, ob sie wisse, weshalb er hier sei, nickte sie. Es folgte die gesetzlich vorgeschriebene Aufklärung, dass ihre Angaben ihm gegenüber nicht der ärztlichen Schweigepflicht unterlägen, sie selbst jedoch jederzeit schweigen könne, ohne dass ihr daraus ein rechtlicher Nachteil entstünde. Alexandra K. stützte sich mit den Händen auf der Tischplatte ab, als wolle sie jeden Moment wieder aufstehen.

»Sie wirkte apathisch, ihr Gesichtsaudruck wie eingemeißelt. Sie zeigte keine erkennbare Mimik, nur ihre Lippen zitterten. Frau K. blickte durch mich hindurch. Ihre Augen schauten in die Ferne, als würde sie von dort die Antworten auf meine Fragen erhoffen. Sobald sie über ihre Tochter sprach, fing sie sofort an zu weinen. Trotz allem war sie bemüht, meine Fragen zu beantworten. Mit 29 Jahren war sie an paranoider Schizophrenie erkrankt und zwei Jahre später habe sie versucht, sich das Leben zu nehmen. Auf meine Frage, wie sie es gemacht habe, rutschte sie mit dem Stuhl ein Stück vom Tisch weg, blickte auf den Fußboden und antwortete mit leiser Stimme, sie habe sich die Pulsadern aufgeschnitten.«

Paranoide Schizophrenie ist mit zwei Dritteln die häufigste Schizophrenieform. Die Patienten leiden unter Wahnvorstellungen und Verfolgungswahn. Sie hören Stimmen, sehen und riechen Dinge, die nicht existieren. Manche Patienten bekommen auch Befehle von einer fremden Stimme. Oft fühlen sie sich überwacht und sind überzeugt, dass andere Menschen ihnen schaden wollen. Sie sind misstrauisch und fühlen sich sogar in ihrer eigenen Wohnung beobachtet und nicht sicher. Manche fühlen sich auch von Außerirdischen bedroht. Manchmal glauben die Betroffnen, durch das Wetter, durch Radio oder TV Botschaften und Warnungen zu erhalten. Unterhalten sich Fremde, denken sie, das Gespräch würde um sie gehen. Selten werden die Betroffenen gewalttätig. *In diesem Fall sollten Angehörige sofort einen Arzt verständigen.*

Nach einigen Minuten Pause schilderte die 44-Jährige sachlich und ohne Unterbrechungen ihr Leben. Allerdings hatte sie mit der chronologischen Abfolge Schwierigkeiten und sprang oft von der Gegenwart in die Vergangenheit, um dann in der Zukunft zu landen.

»Sie sei in Polen geboren, aber in Deutschland zur Schule gegangen, habe auch hier das Abitur gemacht und Germanistik studiert. Sie wäre ein Scheidungskind, habe aber zu beiden Elternteilen guten Kontakt. Ihre Mutter leide ebenfalls an Schizophrenie. Sie selbst wäre zum zweiten Mal verheiratet und habe aus der ersten Ehe zwei Söhne, zu denen ebenfalls guter Kontakt bestehe. Überhaupt sei sie ein Mensch, der mit allen gut auskommen möchte. Sie sei harmoniebedürftig und gehe jedem Streit aus dem Weg. Ja, es tue ihr sogar körperlich weh, wenn gestritten werde, erzählte sie.«

Wieder fing Frau K. an zu weinen. Sie hielt die Hände vor ihr Gesicht und entschuldigte sich mehrmals für ihren Gefühlsausbruch. Ihr sei gerade wieder die Situation von damals in den Sinn gekommen. Mit damals meinte sie den 20. Februar 2019, den Tag, an dem sie ihre dreijährige Tochter tötete. Werner Platz spürte ihre Unsicherheit, machte eine Pause und holte zwei Tassen Kaffee aus dem Automaten.

»In Situationen, in denen ich merke, dass mein Gegenüber sehr bewegt ist, gebe ich ihm grundsätzlich die Möglichkeit, sich emotional zu erholen. Alles andere wäre ein Überrumpeln.«

Dann schilderte Alexandra K., was in den Wochen vor dem Mord geschehen war.

»Ungefähr vier Wochen vor der Tat bekam ich vermehrt Ängste und fühlte mich schnell überfordert. Ich machte mir Vorwürfe, weil ich während der Schwangerschaft meine Medikamente gegen Schizophrenie eingenommen habe. Ich hatte plötzlich Angst, dass sich dadurch Majas Sprachentwicklung verzögert hätte. Immer öfter bekam ich Wahnvorstellungen und habe geglaubt, alles wäre gegen mich gerichtet. Ich glaubte, es gäbe eine höhere Intelligenz, und ich befürchtete, Maja würde von ihr gequält werden.«

Frau K. hielt die Luft an, zeichnete mit dem rechten Zeigefinger einen imaginären Kopf auf die Tischplatte.

Dann fing sie erneut an zu weinen. Den Verlauf des Tattages schilderte sie als glücklich, mit einem allerdings unglücklichen, tragischen Ende:

»Vor zwei Monaten habe ich aufgehört zu arbeiten und mich ausschließlich um meine Tochter gekümmert. Es war eine herrliche Zeit. Auch an dem *schlimmen* Tag waren wir spazieren und haben Fangen und Verstecken im Wald gespielt. Danach habe ich Maja gebadet und ihr die Haare geschnitten. Wir waren beide glücklich.

Als mein Mann nach Hause kam, haben wir gemeinsam gegessen. Ich hatte Schweinebraten mit Rotkohl und Klößen gekocht. Danach ging mein Mann ins Bett. Er war von der Arbeit erschöpft und brauchte seine Ruhe.«

Maja legte sich zu ihm und sie habe abgewaschen und aufgeräumt. Gegen 20 Uhr bemerkte sie, dass Maja noch immer nicht schlief.

»Sofort machte ich mir neue Vorwürfe, dass ich daran schuld sei und auch daran, dass sie nur einfache Worte sprechen konnte, kaum lachte und nachts mit den Zähen knirschte«, erzählte Alexandra K. dem Psychiater. »In meinem Kopf ging alles durcheinander. Mir fielen auch die Stimmen ein, die ich vor ein paar Wochen gehört hatte. Zweimal polnisch und einmal deutsch. Ich erinnerte mich aber nicht mehr daran, was sie gesagt hatten.«

Und wieder übermannte sie das Weinen. So stark, dass ihre Tränen auf den Tisch tropften und einen kleinen See bildeten. Ihr Kaffee war inzwischen kalt geworden. Sie hatte noch keinen einzigen Schluck getrunken.

»Wir saßen seit einer guten Stunde zusammen und Frau K. war sichtlich erschöpft. Ich fragte sie, ob wir das Gespräch für heute beenden sollen. Sie sagte nichts, schüttelte nur den Kopf. Dann fragte sie mich, ob zwei Gespräche mit ihr überhaupt ausreichen würden. Es schien mir, als ginge es ihr mehr darum, über ihre Tat zu reden, als um das über sie zu erstellende Gutachten.«

Die Sonne schien durch das Fenster und die Gitterstäbe hinterließen ein Streifenmuster auf dem Fußboden. Vögel zwitscherten um die Wette. Auf dem Flur stritten zwei Männer.

»Wissen Sie«, fing Frau K. wieder an zu reden, »wissen Sie, ich verstehe das alles doch selbst nicht. Ich brachte all die Anzeichen, die ich in den letzten Wochen bemerkte, überhaupt nicht mit meiner Krankheit in Verbindung. Auch als mein großer Sohn meinte, ich würde so komisch reden, sah ich keine Verbindung zu meiner Schizophrenie.«

Nach zwei Stunden bat Alexandra K. um eine Beendigung des Gesprächs. Sie verließ den Raum ebenso gebückt, wie sie ihn betreten hatte. Ihr Kaffee stand immer noch unberührt auf dem Tisch.

»Eine Woche später sahen wir uns wieder«, berichtet Werner Platz. »Die Psychologin und ich wandten verschiedene Testverfahren an, um einen besseren Blick auf ihre seelische und geistige Verfassung zu bekommen. Auch diesmal war Frau K. sehr bemüht, die Aufgaben so schnell wie möglich zu erledigen.«

Aus vier Stunden Gesprächen und den ausgewerteten Tests ergab sich ein klares Bild der Mutter, die ihre dreijährige Tochter getötet hatte. Für die meisten Menschen eine nicht nachvollziehbare Tat. Auch für Werner Platz war es ein ungewöhnlicher Fall. Eine Tat, die der Fantasie eines kranken Gehirns entsprungen und nicht mit normalen Maßstäben zu messen war. Sein Gutachten ergab: Nicht schuldfähig.

Während der Tat litt Alexandra K. unter einer starken Beeinträchtigung ihrer Persönlichkeit und einer schwerwiegenden Störung der Persönlichkeitskontrolle. Aus psychiatrisch-forensischer Sicht war ihre Steuerungs- und Handlungsfähigkeit aufgehoben. Eine psychiatrische und psychologische Betreuung sei dringend erforderlich. Das Zusammenleben mit der ebenfalls unter Schizophrenie leidenden Mutter sei für ihre Entwicklung nicht förderlich. Frau K. hatte die emotionale Bewältigung der Tat nicht einmal ansatzweise bewältigt. Am Schluss des Gutachtens erklärte Dr. Werner Platz:

»Nach einer Geburt leiden etwa ein bis drei von tausend Frauen unter einer psychischen Erkrankung wie Ängsten und Wahnvorstellungen, die medikamentös gut zu behandeln sind. Werden die verordneten Medikamente nicht korrekt eingenommen, kann es aber zu erneuten wahnhaften Wahrnehmungen kommen. Oft beginnen sie mit Schlafstörungen und Unruhe und die Patienten haben das Gefühl, ihre Gedanken nicht mehr steuern zu können.«

Das Landgericht Berlin wies die Mutter in eine geschlossene Psychiatrie ein. Die 44-Jährige nahm das Urteil gefasst auf. Der Vater blieb dem Prozess fern.

Im Kokainrausch

Es war wie jeden Abend: dunkel und rauchig, das Publikum gemischt. Ein Drittel Deutsche, ein Drittel Türken und der Rest Araber. Die Discokugel rotierte wild an der Decke und schickte grelle Blitze auf die Tanzfläche. Ein Pärchen knutschte im Stehen, obwohl der Diskjockey eine heiße Scheibe aufgelegt hatte. »Hot Stuff« von Donna Summer. Zwei Männer prügelten sich um eine Frau, die daneben stand und den Streit um ihre Person sichtlich genoss. Ein Zweizentnertyp kam und beförderte die Streithähne vor die Tür. Dann zeigte der Türsteher der Blondine seine muskulösen Oberarme und gab ihr seine Telefonnummer. Dass die Blonde kurz darauf das Damenklo aufsuchte, verwunderte niemanden wirklich.

Jeder, der den Laden mehr als einmal besucht hatte, wusste, dass auf den Toiletten Geschäfte der dunklen Art gemacht werden. Viele kamen ausschließlich aus diesem Grunde hierher. Und jeder, der mehr brauchte, als aus dem Zigarettenautomaten zu haben war, kannte Ahmet Y. Er war bekannt wie ein bunter Hund, immer in Schwarz gekleidet und in dem Lokal so etwas wie ein Marktschreier. Nur viel, viel leiser. Bei ihm konnte jeder alles kaufen, was glücklich macht und die böse Welt vergessen lässt. Diazepam in Tablettenform oder als Tropfen, Cannabis, Kokain, Ecstasy und Heroin. Für ihn ein einträgliches

Geschäft, mit dem er auch seine eigene Sucht finanzieren konnte.

Zum ersten Mal auffällig wurde der 1968 geborene Ahmet Y. im Jahr 1999 durch die unerlaubte Einfuhr von Kokain in Tateinheit mit Drogenhandel. Das Gericht verurteilte ihn zu einer Freiheitsstrafe von drei Jahren und zehn Monaten. Für Ahmet Y. der Anfang einer langen Verbrecherkarriere.

Als Sechsjähriger kam er mit seinen Eltern aus der Türkei nach Berlin, wo der Vater als Hauswart, die Mutter als Reinigungskraft arbeitete. Er besuchte zehn Jahre lang die Schule, die er aber ohne Abschluss 1985 verließ. Danach arbeitete er als Helfer in einer Kraftfahrzeugfabrik, später bei einem Schokoladenhersteller. 1989 heiratete er und wurde Vater von drei Kindern.

»Den ersten Kontakt mit Drogen hatte Y. 1996, als seine Mutter an Lungenkrebs starb«, referiert Werner Platz. »Seine Lieblingsdroge hieß Kokain. Zog er anfangs nur am Wochenende ein paar Linien, wurde die Sucht von Monat zu Monat stärker. Auch nach seiner ersten Verurteilung wegen eines Drogendeliktes setzte er seinen eigenen Konsum fort. Er vernachlässigte seine Familie, zog lieber nächtelang mit seinen Kumpels um die Häuser und vertickte nebenbei den Stoff, aus dem die Träume sind. Er besuchte häufig Bordelle, bewies seine Männlichkeit bei jungen Prostituierten und sackte immer stärker ab.«

Zu diesem Zeitpunkt war Y. bereits mehrmals wegen Betruges und Dealerei vorbestraft. Später folgten noch Verurteilungen wegen versuchten gemeinschaftlichen Einschleusens von Ausländern, Fahrens ohne Kfz-Haftpflichtversicherung, Körperverletzung in zwei Fällen und mehrmaligen Fahrens ohne Führerschein. Im Sommer 2017 erneute Verurteilung wegen des Verstoßes gegen das Betäubungsmittelgesetz. Strafverschärfend war, dass Y. Heroin und Kokain gestreckt hatte, um seinen Gewinn zu erhöhen.

Auch seine Familie wusste um die illegalen Geschäfte und war teilweise sogar darin eingebunden. Als Mittäter auf der Anklagebank: sein ältester Sohn. Das Gericht sah es nicht als erwiesen an, dass Ahmet Y. sich aus dem Milieu der organisierten Kriminalität zurückgezogen habe. Die Beschaffung von Drogen und ihr Verkauf seien nur möglich gewesen, weil er gut organisiert gewesen war. Die Polizei hatte ihn telefonisch überwacht und zeitweise auch beschattet. So ermittelten die Drogenfahnder, dass er mit Hilfe eines Wohnmobils Kokain aus der Türkei und später aus Amsterdam und Rotterdam nach Berlin bringen ließ. Y. und seine Helfer wurden bei der Rückkehr aus den Niederlanden verhaftet.

Das Landgericht Berlin verurteilte Ahmet Y. zu einer Gesamtfreiheitsstrafe von sechs Jahren und ordnete die Unterbringung im Maßregelvollzug und eine Entziehung an.

»Ich sollte Y. dahingehend untersuchen, ob aus

nervenärztlicher Sicht außerhalb des Maßregelvollzuges keine rechtswidrigen Taten zu erwarten sind.«

Das Krankenhaus Buch in Pankow war schon zu DDR-Zeiten weit über Berlins Grenzen hinaus bekannt. Hier arbeiteten die besten Ärzte und die bekanntesten Wissenschaftler der DDR. Neun Jahre nach der Wende wurde in Buch eine Teilvollzugsabteilung des Krankenhauses des Maßregelvollzugs untergebracht. Sie widmet sich der Besserung und Sicherung suchtkranker Straftäter, die gemäß Paragraf 64 StGB in einer Entziehungsanstalt untergebracht sind. Für die Patienten stehen drei Häuser mit vier Stationen und 115 Betten zur Verfügung. Vor einer Entlassung erfolgt bei regelhaftem Verlauf die schrittweise Lockerung der Patienten zunächst mit personalbegleiteten, später mit unbegleiteten Ausgängen. Hieran schließt sich die Erprobung der Patienten außerhalb der Klinik in zwei Wohneinrichtungen in der Verantwortung der Berliner Stadtmission an. Dreimal geriet die Klinik in die Schlagzeilen. 1. Skandal-Rapper Bushido sang als Ehrengast drei Songs für die Knackis, Ärzte und Pfleger. 2. Da Alexandra B., eine junge Frau, mit gefälschtem Doktortitel mehrere Monate lang die Insassen behandelte. 3. Nach zwei Ausbrüchen stritten sich die Sicherheitsbehörden mit dem Denkmalschutz. Schön oder ausbruchssicher war die Frage. Die Fenstergitter wurden unzersägbar und der schöne Gartenzaun wich einer unüberwindlichen Anlage mit Scheinwerfern und Videoüberwachung.

Samstag, den 16. März 2019, Station 13a im Maßregelvollzug Buch.

Es war ein schöner Frühlingsmorgen, als Dr. Werner Platz seinen Wagen vor dem Krankenhausgelände parkte. Die Sonne schien, die Birken blühten, an der Haltestelle stand ein altes Ehepaar, das auf den Bus wartete. Werner Platz klemmte sich die Akten unter den Arm und schaute auf die hohe Mauer mit den Scheinwerfern und den Videokameras. *Gemütlich ist anders,* dachte er. Ein paar Mal tief ein- und ausatmen, Sakko zuknöpfen und sich bei der Eingangskontrolle melden.

Ein Justizvollzugsbeamter führte den Gerichtsgutachter über den leeren Flur der Station 13a zum Zimmer 010. In Gedanken ging er noch einmal den Lebenslauf des Patienten durch. Es war ein ewiges Auf und Ab, dass Y. hinter Gitter gebracht hatte. Aufgrund der Aktenlage, der vorliegenden ärztlichen Gutachten und der eigenen Aussagen von Herrn Y. war klar, dass die Suchtmittelabhängigkeit zu seiner kriminellen Entwicklung beigetragen hatte. Angefangen hatte es mit Amphetaminen, Alkohol und Ecstasy. Dann kamen Kokain und Heroin. Ahmet Y.s täglicher Konsum: drei Gramm Koks für 200 Euro, wusste Platz.

Wie andere Abhängige auch, finanzierte Y. seinen Konsum also durch Straftaten. Er verkaufte Koks, Heroin und Cannabis in Diskotheken. Er dealte in Anlagen wie der Hasenheide und dem Görlitzer

Park in Kreuzberg. Obwohl er durch den Kokskonsum paranoide Gedanken bekam und sich verfolgt fühlte, konnte er vom weißen Pulver nicht die Finger lassen.

»Heute sehe er alles anders. Viel positiver. Die Unterbringung im Maßregelvollzug habe ihm geholfen, sein Leben und seine Sucht in den Griff zu bekommen. Es wäre nicht immer leicht gewesen, aber es habe sich gelohnt, erklärte er mir am Anfang unseres Gesprächs«, sagt Werner Platz.

Die täglichen Atem- sowie die unregelmäßigen Blut- und Urinkontrollen waren bis auf eine Ausnahme negativ gewesen.

»Den einmaligen Ausrutscher erklärte mir Y. mit einer Schulterverletzung. Als die vom Anstaltsarzt verschriebenen Schmerzmittel nicht mehr geholfen hätten, besorgte ihm seine Frau Tabletten aus der Türkei, von denen er nicht wusste, dass sie verbotene Substanzen enthielten.«

Bei der Befragung war Herr Y. bewusstseinsklar und konnte sich zeitlich, örtlich, situativ und zu seiner Person voll orientiert äußern. Seine Konzentration und seine Aufmerksamkeit waren nicht gemindert. Paranoide Gedanken habe es nur unter Kokaineinfluss gegeben.

»Im Großen und Ganzen hat sich Herr Y. gefestigt, und durch seine Einsicht in die immer noch vorhandene Problematik hat er gute Erfolgsaussichten für sein weiteres Leben«, heißt es im Gutachten.

»Herr Y. schilderte mir in unserem Gespräch auch die Sorge um seine Tochter, bei der ein gutartiger Gehirntumor festgestellt worden war«, erzählt Gutachter Platz. »Sie wäre deshalb schon mehrmals im Krankenhaus gewesen. Obwohl ihn die Krankheit sehr belastet und er der Situation hilflos gegenübergestanden habe, war sie nie Anlass für einen Rückfall gewesen. Ebenso wenig wie die 50.000 Euro Schulden, die er abzutragen hatte. Er hoffe, so schilderte er mir, durch die Arbeit bei seinem Bruder spätestens 2024 schuldenfrei sei sein. Auf meine Frage, ob er eine Zigarettenpause brauche, erwiderte Y. stolz, er habe vor einem Jahr mit dem Rauchen aufgehört.«

Ende 2017 hatte Y. wegen guter Führung die ersten Lockerungsmaßnahmen erhalten. Er durfte in Begleitung von zwei Pflegern das Krankenhaus des Maßregelvollzuges für vier Stunden ohne Handfesseln verlassen. Nachdem mehrere Ausgänge ohne Zwischenfälle verlaufen waren, wurde er am 23. Mai 2018 aufgrund guter Therapieerfolge in eine betreute Wohneinheit der Stadtmission verlegt. Y., die meiste Zeit des Gesprächs ruhig und gefasst, zeigte jetzt die erste emotionale Reaktion. Er schlug die Beine übereinander und lächelte.

»Wissen Sie, das eigene Zimmer in der Stadtmission bedeutete für mich große Freiheit«, begann Herr Y. »Nach jahrelangem Eingesperrtsein in einer knapp zehn Quadratmeter großen Zelle erschien mir das Zimmer ohne Gitter vor dem Fenster geradezu wie eine Villa. Um das zu erreichen, hatte ich mich lange angestrengt und alle bestehenden Regeln akzeptiert.« Während des Erzählens war Y. aufgestanden und lief nun durch den Raum. »Am Anfang musste ich mich zusammenreißen, doch mit der Zeit lernte ich, mich an die herrschenden Bedingungen anzupassen. Auch die unregelmäßigen Urin- und Atemkontrollen akzeptierte ich und sah sie als Möglichkeit, meine Drogenfreiheit zu beweisen. Außerdem besuchte ich regelmäßig Selbsthilfegruppen und alle 14 Tage hatte ich ein Einzelgespräch bei meiner Psychologin.«

Dann kam Y. auf seinen Rückfall im April 2016 zu sprechen. Auch bei dieser Schilderung, war er emotional stark berührt. Es schien fast so, als würde er die drei Jahre zurückliegende Situation noch einmal erleben:

»Ich hatte in einem Lokal die Toilette aufgesucht und war von einem Unbekannten gefragt worden, ob ich ›was‹ brauche. Obwohl es mir total gut ging und ich keinerlei Suchtdruck hatte, griff ich zu. Ich weiß bis heute nicht, warum ich das getan habe. Vielleicht war ich einfach nur übermütig und dachte, mir könne nichts passieren. Irgendwie hatte mein Verstand total ausgesetzt und ich wurde rückfällig. Zum Glück blieb es bei diesem einen Mal, das mir zeigte, wie schnell ich wieder reinrutschen kann. Und dass ich danach log und den Rückfall verheimlichen wollte, war ebenfalls voll daneben.«

Zwei Tage nach dem Rückschlag machte Ahmet Y. Nägel mit Köpfen und »beichtete« ihn seiner Psychologin in einem Brief:

»Gründe und Gefühle, warum ich in meiner ersten Visite in der Stadtmission die Unwahrheit gesprochen habe: Ich war von meiner unanständigen Handlung noch selbst so schockiert, dass es sich um eine Not- und Angstlüge gehandelt hatte! Ich war mit der gesamten Situation komplett überfordert. Mein Schamgefühl gegenüber der Klinikleitung, meiner Familie und meinem Bruder war so stark, dass ich mein eigenes Versagen und meine Enttäuschung nicht wahrhaben wollte … Ich konnte nicht glauben, was mir passiert war … Es war nicht möglich, einen klaren Gedanken zu finden … Ich hatte meine Achtung und Ehre vor mir verloren … Bitte schenken Sie mir noch einmal Ihr Vertrauen und geben Sie mir eine zweite Chance … Ich habe dazugelernt und werde alle Risiko-Orte wie Shisha-Bars für immer meiden … Ich werde auch meinen Notfall-Pass befolgen:

- Gefahrenorte sofort verlassen
- Sofort in eine Chilli beißen, die ich immer dabei habe
- Sofort die Stadtmission anrufen
- Sofort die Fotos von meiner Familie ansehen
- Bei dem geringsten Problem oder Fehlverhalten SOFORT und ehrlich mein Problem beim Therapeuten offenlegen

- Keine Angst- und Notlügen mehr. Sie verschlimmern nur die Situation. Hilfe aufrufen und auf Hilfe vertrauen«

Seine im Nachhinein bewiesene Ehrlichkeit und das Aufschreiben des Notfallplanes sind Ahmet Y. positiv angerechnet worden. Nach einer vierwöchigen Lockerungssperre hat er seine Vergünstigungen zurückerhalten. Seitdem ist er clean. Die Anstaltsleitung beschreibt sein Verhalten als vorbildlich und hebt ihn als jemanden hervor, der den anderen Insassen als gutes Beispiel vorangehe.

»Aus forensisch-psychiatrischer Sicht ist zu erwarten, dass Herr. Y. außerhalb des Maßregelvollzuges keine – jedenfalls keine erheblichen – rechtswidrigen Taten mehr begehen wird«, urteilt Werner Platz in seinem Gutachten. »Bis auf ein Restrisiko besteht keine Gefahr mehr, dass die durch die Taten zutage getretene Gefährlichkeit fortbesteht. Allerdings ist aus meiner Sicht ein Nachsorgekonzept erforderlich.

- Nach der Entlassung aus dem Maßregelvollzug Kontakt zu seiner Familie aufnehmen
- Regelmäßiger Beweis des Besuchs einer Selbsthilfegruppe
- Kontaktaufnahme zu einer Psychiatrischen Praxis mit einem Therapieangebot für Suchtmittelabhängige in Verbindung mit regelmäßigen Urin- und Atemkontrollen
- Bestellung eines Bewährungshelfers

- Die Verpflichtung, in Krisensituationen sofort eine Hilfestelle zu kontaktieren
- Die entsprechenden Telefonnummern immer bei sich zu führen«

Nach der Zigarette war er weg

Freitag, der 13. Da kann einer schon einmal gemischte Gefühle haben. Die einen bewegen sich vorsichtig durch den Tag und besonders Abergläubische verlassen nicht einmal ihre Wohnung.

Als Thomas U. am 13. Juli 1990 um sechs Uhr morgens aus dem Bett sprang, tönte Matthias Reims »Verdammt, ich lieb dich« aus dem Radio. *Blödes Lied,* dachte Thomas U. Was vielleicht daran lag, dass er zurzeit Single war. Danach verriet die Nachrichtensprecherin, dass Schauspieler Harrison Ford heute seinen 48. Geburtstag feierte. U. überlegte, ob er noch schnell unter die Dusche springen oder sich mit einer Katzenwäsche begnügen sollte. Er entschied sich für das Letztere.

Eine Stunde später betrat er die Baustelle, auf der er seit vier Tagen arbeitete. Er rief den Kollegen ein Hallo zu, dann noch einmal der Griff in die Zigarettenschachtel. Zehn Minuten später stand Thomas U. auf dem Dach, das er reparieren sollte. Er maß die Meter Nadelschnittholz, die er bestellen müsste, und überlegte, was er an Holzschutzmittel bräuchte. Dann schaute er in die Runde und lächelte. Er mochte den Blick über die Weite der Landschaft und die leisen Geräusche, die von unten kaum hörbar an sein Ohr drangen. Dann bückte er sich, um seinen heruntergefallenen Bleistift aufzuheben. Später würde er sich nicht mehr erinnern, ob es Unachtsamkeit oder einfach nur Pech gewesen war. Er rutschte. Griff nach links, um sich an einer Strebe festzuhalten. Vergeblich. Er schrie, stürzte, schlug nach vier Metern auf dem Boden auf.

Feuerwehr und Notarzt waren schnell vor Ort und im Krankenhaus stellten die Ärzte eine verrenkte Hüfte, Prellungen am gesamten Körper und einen angebrochenen Knöchel fest. »Noch mal Glück gehabt«, versicherte ihm der Arzt. Für U. ein schwacher Trost in Anbetracht der unerträglichen Schmerzen beim Laufen, Stehen und Liegen. Als ihm »normale« Schmerzmittel nicht mehr halfen, griff er zu Alkohol und Drogen. Eine fatale Entscheidung.

Als Thomas U. 29 Jahre später bei Dr. Werner Platz in der Praxis sitzt, ist er seit Jahren erwerbsunfähig, drogenabhängig und zum Verbrecher geworden.

»Die 512. Strafkammer des Berliner Landgerichts hatte mich beauftragt, ein Gutachten über Herrn U. zu schreiben. Ich sollte feststellen, ob er das Unrecht der begangenen Taten einsehen könne oder ob seine Möglichkeit, nach dieser Einsicht zu handeln, erheblich gemindert wäre. Die Anklage lautete: Verstoß gegen das Betäubungsmittelgesetz. Ferner sollte ich klären, ob er den Hang habe, alkoholische Getränke oder andere berauschende Mittel im Übermaß zu sich zu nehmen, und die Gefahr bestünde, in Zukunft weiterhin erhebliche rechtswidrige Taten zu begehen. Außerdem sollte mein Gutachten klären, ob eine Entziehungskur im Maßregelvollzug Aussicht auf Erfolg habe.«

Für Gutachter Werner Platz eine alltägliche Aufgabe. Wie in allen Fällen seiner Psychiaterlaufbahn stand auch hier der Mensch im Mittelpunkt. Ein Mensch mit Gefühlen, Ängsten, Sorgen und auf der Suche nach Liebe und Geborgenheit – aber auch mit Aggressionen und verbrecherischem Denken. Die Gutachten von Werner Platz gehen in die Tiefe, sagen Staatsanwälte, Richter und Rechtanwälte. Nie urteilt er über einen Menschen, ohne länger mit ihm gesprochen zu haben. Gutachten nach Aktenlage sind seine Sache nicht. Wissenschaftliche Testverfahren sind das eine. Kontakt von Angesicht zu Angesicht das andere.

»Mimik und Gestik, Sprache und Atem sagen viel über den Zustand eines Menschen aus. Es sind unbewusste Aktionen, die der Mensch nicht steuern kann.«

Es ist der 4. März 2019 und der zweite von Werner Platz anberaumte Termin. Das erste Gespräch im Dezember 2018 hatte U. aus gesundheitlichen Gründen abgesagt. Er habe Kreislaufprobleme gehabt, sei umgekippt und im Krankenhaus aufgewacht. Nun saß er pünktlich um 17 Uhr Werner Platz am Schreibtisch gegenüber. In Köln, Mainz und Düsseldorf tobte der Bär. Es war Rosenmontag und die Jecken feierten und tranken bis zum Umfallen. Auch U. schien nicht ganz nüchtern. Die Hände im Schoß gefaltet und den Blick gesenkt, gab er zu verstehen, dass er vier Bier intus habe.

»Wie immer bei der Erstellung eines Gutachtens klärte ich auch Herrn U. gleich am Anfang des Gesprächs darüber auf, dass das von ihm Gesagte nicht meiner Schweigepflicht unterliege. Er könne aber schweigen, ohne dass ihm daraus rechtliche Nachteile entstünden.«

U. brauchte einige Sekunden, um das Gesagte zu verstehen. Dann nickte er und legte die Hände auf die Oberschenkel.

»Er war sichtlich nervös und gestresst und erklärte, er wolle endlich alles hinter sich bringen. Seine Handflächen schoben sich über den Jeansstoff der Hose, als wolle er etwas glätten. Auf meine Frage, ob er nach dem Gespräch mit einem ergänzenden psychologischen Test einverstanden wäre, nickte er.«

Das erste Jahr nach seinem Unfall blieb Thomas U. ein braver Bürger. Zwölf Monate später beging er die erste Straftat. Körperverletzung in zwei Fällen. Auf die Frage, wie es dazu gekommen sei, schüttelte der Mann den Kopf; er könne sich nicht mehr erinnern, vermerkte Platz in seinen Aufzeichnungen. Ein halbes Jahr später wurde U. wegen gemeinschaftlichen Raubes zu sechs Jahren Haft verurteilt.

»Damals ging alles den Bach runter«, sagte U. »Ich hatte keine Freunde und keine Hoffnung mehr, aber sechs Jahre Knast vor mir. Ich funktionierte wie ein Roboter. Aufstehen, arbeiten in der Gefängnis-Buchbinderei und schlafen gehen.«

Auf Werner Platz' Frage, wie er heute zu seinen Taten und Verurteilungen stehe, schwieg er eine Weile.

»Eine typische Reaktion von Menschen, die Zeit gewinnen wollen«, erläutert der Psychiater. »Sie haben Angst, etwas Falsches zu sagen, und wägen innerlich erst mal alle Antworten ab. Nach längerem Überlegen erklärte er, dass er seine Strafen als richtig empfinde. Alles sei eben seine Schuld gewesen.«

Insgesamt bestand die Liste seiner Straftaten aus fünfzehn Vergehen. Unter anderem war er wegen fahrlässiger Brandstiftung zu fünf Monaten Haft verurteilt worden. Laut Gerichtsurteil habe er seine eigene Wohnung angezündet, wobei alle persönlichen Unterlagen verbrannt waren. Ein Aktenvermerk lautete: »Die meisten Taten beging er aufgrund seiner Sucht.« Zum jetzigen Alkoholkonsum befragt, erklärte Thomas U.: Er trinke über den Tag verteilt etwa vier halbe Liter Bier. Am Wochenende oft gar nichts. Er könne auch mehrere Tage auf Bier verzichten und habe kein Verlangen nach Alkohol.

Zu seiner Familiengeschichte konnte Thomas U. nur wenig sagen. Seine Großeltern hätte er nie kennengelernt. Seine Eltern seien an Krebs verstorben. Seine Mutter sei Kneipenwirtin gewesen und eine liebevolle Frau, bei der er immer Trost gefunden hätte. Einmal, so erzählte er, sei er von einem Nachbarsjungen verhauen worden. Seine Mutter hätte ihn getröstet, wäre mit ihm zur Nachbarsfamilie gegangen und alles wäre wieder gut gewesen. Seinen Vater habe er sehr geliebt. Auch wenn diesem öfter mal die Hand ausgerutscht wäre. Besonders dann, wenn der Vater betrunken war. Und das wäre er oft gewesen. Weil beide Eltern arbeiteten, verbrachte der kleine Thomas die Tage in der Kinderkrippe, später dann im Kindergarten. Sein Schulbesuch war regelmäßig und unauffällig.

»Am meisten haben ihn Deutsch und Geschichte interessiert. Mathematik, Chemie und Physik dagegen wenig. Außerdem habe er nicht sehr viele Erinnerungen an diese Zeit, erzählte er auf mein Nachfragen«, berichtet Werner Platz. »Seine Mutter starb, als er zehn Jahre alt war. Daraufhin kamen er und sein drei Jahre älterer Bruder ins Heim. Zu seinem Bruder hat er auch heute noch ein gutes Verhältnis. Als ich ihn auf seine Beziehungen zu Frauen ansprach, antwortete er kurz angebunden: keine Ehe, keine Kinder. Zweimal hätte er mit einer Frau zusammengelebt. Einmal fünf und einmal sieben Jahre. Aber das sei lange her. Nach der zehnten Klasse der Polytechnischen Oberschule lernte Herr U. Dachdecker. Es sei sein Traumberuf gewesen, die Arbeit habe ihm jeden Tag Freude bereitet. Deshalb habe ihn der Sturz vom Dach auch so stark mitgenommen. Es sei wie ein Keulenschlag gewesen. ›Plötzlich hatte ich keine Lebensfreude mehr. Ich fühlte mich wie ein Krüppel. Und das mit Anfang zwanzig‹, sagte er mir.«

Wieder schwieg Thomas U. für eine Weile, und Werner Platz ließ ihm Zeit, sein inneres Gleichgewicht zu finden. Den angebotenen Kaffee lehnte er ab.

»Wissen Sie, Herr Doktor, erst dachte ich, alles wäre nur ein böser Traum gewesen. Doch es hat nicht lange gedauert, da hatte mich die Realität wieder und die konnte ich nicht verkraften. Ich hatte nicht einmal mehr Lust zum Angeln und zum Zelten. Ich trank und kiffte. Als das nach einer Weile nicht mehr half, stieg ich auf harte Drogen um. Ich probierte alle möglichen Pillen aus. Abends zum Einschlafen, morgens zum Wachwerden, tagsüber zum Durchhalten. Zum Schluss spritzte ich Heroin, bekam offene Beine und verletzte eine Arterie so stark, dass ich ins Krankenhaus musste. Was Drogen betrifft, habe ich alles durch.«

Werner Platz hörte die Geschichte eines Mannes, der durch einen Arbeitsunfall aus der Bahn geworfen worden, der nach Schmerzmitteln süchtig und, um seine Sucht zu finanzieren, kriminell geworden war. Seit 20 Jahren wurde U. substituiert und musste sich jeden Tag sein Methadon zur Unterdrückung der Opiatsucht beim Arzt abholen.

Die letzte Tat: Es war der 29. April 2017, kurz nach elf Uhr vormittags. Das Gruselwetter der letzten Tage war vorbei. Das Thermometer zeigte neun Grad, die gefühlte Temperatur lag jedoch bedeutend höher. Kein Wind, kein Regen, keine Wolken. Die Berliner freuten sich auf den kommenden Frühling.

In der Grünanlage am Halleschen Tor lachten zwei junge Frauen, die T-Shirts nach oben geschoben, der Sonne bauchnabelfrei entgegen. Auch die beiden Männer in Kapuzenpullovern sahen aus, als wollten sie die ersten Sonnenstrahlen genießen. Gemütlich schlenderten sie über die Wiese, vorbei an einer jungen Frau, die auf dem Rasen saß und meditierte. Ein paar Schritte weiter blieben sie stehen. Der Mann mit der schwarzen Kapuze und einem Trolley steckte dem Mann mit der roten Kapuze etwas zu. Auffällig unauffällig schauten sie sich nach allen Seiten um. Dann ging jeder seiner Wege.

Zwei Zivilbeamte der Drogenfahndung hatten die beiden Männer jedoch schon seit mehreren Minuten im Blick und folgten dem Dunkelgekleideten mit dem Rentnercabrio über die Straße zum U-Bahnhof Hallesches Tor. Auf der Bahnhofstreppe sahen die Zivilfahnder, wie der Trolleyfahrer einem jungen Mann etwas in die Hand drückte und dann selbst etwas in die Tasche steckte. Die Beamten nahmen den Trolleyfahrer fest. Er hieß Thomas U. Bei der Durchsuchung seiner Taschen und seines Rollkoffers wurden laut Protokoll folgende Dinge sichergestellt:

»Vier Platten Haschisch

Fünf acht Zentimeter lange Stangen Haschisch, eingewickelt in Alufolie

Eine orangene Dose mit sieben Haschischwürfeln

Eine blaue Dose mit Haschischwürfel

Fünf Methaddict-Tabletten

Fünf Polamidon

20 Rohypnol

500 Euro in bar«

Eine Stunde später durchsuchten Spezialisten der 33. Einsatzhundertschaft die Wohnung von Thomas U. Auf dem Tisch und im Kleiderschrank fanden sie Haschisch im Gesamtgewicht von 760 Gramm, 630 Gramm Rauschpilze, 115 Aufputschpillen, zwei Feinwaagen, ein 17 Zentimeter langes Messer und einen als Taschenlampe getarnten Elektroschocker der Marke Police mit einer Leistung von 50 000 Watt. Ferner wurden 209 »PP3 Kometa«, sogenannte Polenböller, die unter das Sprengstoffgesetz fallen, sichergestellt. Nicht eben das, was ein gesetzestreuer Bürger in seiner Wohnung aufbewahrt.

»Bei der Begutachtung schildert mir Herr U. seine momentane Situation als halbwegs erträglich. Er lebe inzwischen im ›Betreuten Wohnen‹ der Berliner Stadtmission in einer Einzimmerwohnung, habe auch wieder Spaß am Angeln und Zelten. Überhaupt, so erklärte er mehrmals, liebe er die Natur und habe sich auch einen kleinen Hund angeschafft. Dann bat er mich um eine Zigarettenpause und kam nicht wieder.«

Im Gutachten heißt es: »Die Persönlichkeitsentwicklung von Herrn U. ist durch regelmäßigen Drogenkonsum eingeschränkt. In Verbindung mit dem chronischen Schmerzsyndrom kam es bei ihm zu andauernden Persönlichkeitsveränderungen. Alkohol und Cannabinoide in Verbindung mit Methadon lassen bei Herrn U. aufgrund eines chronischen Intoxikationszustandes mit Persönlichkeitsveränderungen bei langjährigem Gebrauch aus forensisch-psychiatrischer Sicht eine erhebliche Minderung seiner

Steuerungs- und Hemmungsfähigkeit annehmen. Die Voraussetzungen für eine Unterbringung in einer Entziehungsanstalt des Maßregelvollzuges sind aus meiner Sicht nicht gegeben, da er bereits mit Methadon substituiert und Cannabis gegen die Schmerzen nimmt.«

Werner Platz' Fazit: Therapeutisch sinnvoll sei es eher, eine zusätzliche Behandlung in einer Schmerzklinik anzustreben.

Epilog

Der erste Brudermord der Menschheitsgeschichte aus forensisch-psychiatrischer Sicht:

Kain, der älteste Sohn Adams und Evas, war der Tora zufolge Ackerbauer von Beruf, sein jüngerer Bruder Abel war Viehzüchter. Seine Geburt und seine Ermordung sind Gegenstand vieler exegetischer Betrachtungen. Die Tätigkeit von Abel als Viehzüchter wird im 1. Buch Mose als Schafhirt näher beschrieben. Als Ackerbauer brachte Kain von der Frucht des Bodens Gott ein Opfer, Abel ebenfalls, und zwar von den Erstlingen seiner Schafe, »von den fetten«, das heißt, den kostbarsten aus den Herden. Das Opfer von Abel wurde von Gott angenommen, Kains Opfer nicht. Als Grund wird ausgelegt, dass Gott eben auf das Herz und nicht nur auf das Opfer sieht. Daraufhin war Kain enttäuscht und niedergeschlagen, sein Antlitz hatte sich verzerrt. Gott griff noch voller Barmherzigkeit ein, um ein Fortschreiten der bösen Gedanken zu unterbinden. Doch entwickelten sich bei Kain Neid, Zorn und Gefühle der Gewalttätigkeit, die schließlich in Mord endeten.

KRÄNKUNG So weit die Darstellung des ersten Brudermordes in der Tora, die zunächst psychiatrisch-diagnostisch betrachtet werden soll. Es besteht ein Konflikt zwischen Geschwistern, die beide entsprechend der vorantiken Zeit in der Landwirtschaft tätig waren. Dass Kain entsprechend den damaligen Sitten die ersten Früchte seines Ackerbaus Gott opferte und Abel die Erstlinge seiner Tiere, lässt zunächst auf eine erfolgreiche Arbeit beider Brüder schließen, allerdings mit der Folge, dass die Gaben Kains verworfen wurden, während die Gaben Abels angenommen, also anerkannt wurden.

Die Reaktion von Kain auf eine Frustrationssituation kann umgangssprachlich mit Kränkung umschrieben werden. Diese verletzte sein Selbstwertgefühl offenbar derart, dass die Kontrollinstanzen seines Über-Ichs ausgeschaltet wurden und er seinen Bruder erschlug. Sein Nachtatverhalten ist geprägt von den möglichen Folgen für ihn, das heißt, für ihn steht die eigene Befindlichkeit über dem, was er seinem Opfer, dem eigenen Bruder, und den Eltern angetan hat. Konkret befürchtet Kain, dass er das Land verlassen muss, nach der Bibel ließ er sich im Lande Nod (»Umherirren«) östlich von Eden nieder, weiter befürchtete er, dass er in eine Einöde ziehen muss, wo der Boden unfruchtbar ist, und schließlich, dass er der Blutrache zum Opfer fallen werde. Hier hat allerdings Gott ihn durch ein Zeichen (Ot) vor der Rache anderer geschützt.

TOTSCHLAGDELIKT Die forensisch-psychiatrische Einschätzung des Verhaltens von Kain soll im Anschluss an einen ähnlich gelagerten Fall, der vor dem

Landgericht Berlin (AZ: 522 – 8/06) verhandelt wurde, erörtert werden.

Die Berliner Tageszeitung BZ berichtete am 11. Januar 2007 unter der Überschrift »Der Kain-und-Abel-Prozess« über ein Totschlagsdelikt, bei dem ein Facharzt für Orthopädie im Verlauf eines persönlichen Streites seinem jüngeren Bruder in dem von ihnen gemeinsam mit der Mutter bewohnten Einfamilienwohnhaus zwölf Messerstiche versetzte, wobei er dessen Tod zumindest billigend in Kauf genommen hatte. Das Opfer brach im Wohnzimmer zusammen und verstarb nach wenigen Augenblicken aufgrund der erlittenen schweren Verletzungen von Herz und Lunge sowie der Halsverletzung mit Einatmung von Blut.

Als die Mutter des Täters daraufhin zum Telefon in der Diele stürzte, um den Polizeinotruf zu wählen, riss der Täter ihr den Hörer gewaltsam aus der Hand, um ein Gespräch zu unterbinden. Die Mutter, die unter Osteoporose litt, hatte sich aufgrund dieser Tätlichkeiten einen Bruch des fünften Mittelhandknochens zugezogen, was nach der Schwurgerichtsanklage der Staatsanwaltschaft der Täter zumindest billigend in Kauf genommen hatte.

Über das Verhältnis zu seinem Bruder berichtete der Angeklagte, dass beide in verschiedenen Welten gelebt hätten. Er selbst sei »Überflieger« gewesen, der Bruder habe »Scheiße gebaut«, er sei schon in der Schule nicht zurechtgekommen.

WERKZEUG Am Tattag hätten sich der Angeklagte, sein Bruder und die Mutter im Haus der Eltern befunden, permanent habe der Bruder wieder begonnen, ihm Vorwürfe zu machen, ihn herabzusetzen, der Angeklagte sei »einfach sprachlos« gewesen, er sei zu seinem Auto gegangen, habe irgendwelches Werkzeug geholt, sei aber noch mal zurückgegangen, warum, wisse er nicht, er könne auch nicht sagen, wie alles genau abgelaufen sei, er wisse nur noch, dass er den Bruder habe liegen sehen, alles andere, auch später Abgelaufenes, wie Vernehmungen bei der Polizei, seien an ihm irgendwie vorbeigegangen. Drogen oder Alkohol hätten bei dem Angeklagten nie eine Rolle gespielt, er habe sich jedoch, um abzunehmen, Testosteron als Depot gespritzt, habe es dadurch geschafft, sein Gewicht um zwölf Kilogramm zu reduzieren.

In der Haft wurde der Angeklagte in der Abteilung für Psychiatrie und Psychotherapie behandelt. Es wurde eine Anpassungs- und depressive Störung diagnostiziert. Zum Untersuchungszeitpunkt lag eine schwere depressive Episode ohne psychotische Symptome vor, anamnestisch ergänzend Missbrauch von Steroiden/Hormonen. Hinweise für das Vorliegen einer anderen psychischen Störung oder auf eine Beeinträchtigung der intellektuellen Fähigkeiten hatten sich bei dem Angeklagten nicht ergeben, weshalb zu erörtern war, ob bei ihm eine tiefgreifende Bewusstseinsstörung zum Tatzeitpunkt vorlag.

VORGESCHICHTE Im vorliegenden Fall stellte sich eine spezifische Vorgeschichte des Angeklagten zu seinem Bruder dar, in der Akte fanden sich etliche Strafanzeigen, die auf das gespannte Verhältnis zwischen den Brüdern hinwiesen. In der Tatanlaufzeit kam es, wie schon oft zuvor, zu einer verbalen Auseinandersetzung, der der Angeklagte in diesem Fall »sprachlos« gegenübergestanden habe, wobei die affektive Ausgangssituation mit Tatbereitschaft auf einen Zusammenhang von Provokation – Erregung – und Tat hinwies und damit eine Grundvoraussetzung für die Erörterung eines Affektdeliktes überhaupt gegeben war. Die Persönlichkeitsmerkmale des Angeklagten, wie sie sich testpsychologisch und in der psychiatrischen Exploration darstellten, haben Schwierigkeiten in der Bewältigung von Konfliktsituationen bei ihm erkennen lassen, bei gleichzeitig vorhandener starker Hemmung direkt nach außen gerichteter aggressiver Impulse.

Auf einen abrupten, elementaren Tatablauf ohne Sicherungstendenzen deutet auch der Obduktionsbericht hin, der zwölf Messerstiche nennt. Auch das Folgeverhalten mit schwerer Erschütterung und der Notwendigkeit einer stationären psychiatrischen Behandlung spricht eher für ein überwiegend affektmoduliertes Tatgeschehen, das dem Merkmal einer tiefgreifenden Bewusstseinsstörung zuzuordnen ist und eine erhebliche Minderung der Steuerungs- und Hemmungsfähigkeit nicht ausschließen ließ.

Vom Landgericht Berlin wurde der Angeklagte zu einer langjährigen Haftstrafe, unter Anwendung des Paragrafen 21 StGB, verurteilt, die Voraussetzungen für eine Unterbringung in einem psychiatrischen Krankenhaus oder einer Entziehungsanstalt des Maßregelvollzuges lagen, wie ausgeführt, nicht vor.

AFFEKT Wie sieht es nun im Fall Kain und Abel, des ersten in der Bibel dokumentierten Tötungsdeliktes, aus? Es scheint zunächst die Grundvoraussetzung einer Provokation des Abel gegenüber Kain mit nachfolgender affektiver Erregung, die in die Tat einmündet, zu fehlen. Kain war zweifellos äußerst frustriert, hieran hatte Abel aber keinen direkten Anteil.

Kain hatte nach dem Urteil Gottes sein Opfer nicht von Herzen dargebracht, wie es Abel getan hatte. Bei durchaus vorhandener möglicher Grundgestimmtheit, allein aufgrund der anzunehmenden hierarchisch vorherrschenden Gesellschaftsstruktur mit besonderen Vorrechten und Pflichten für den Ältesten der Brüder, kann die Zurückweisung der Opfergabe Kains durchaus sein Handeln entscheidend mit beeinflusst haben, ohne dass sich jedoch Merkmale für ein ausschließlich oder überwiegend affektmoduliertes Handeln im Sinn der vorgegebenen Kriterien erkennen lassen.

Im Gegenteil, zielgerichtetes Handeln, wie Wegführen Abels zu einer entfernten, außerhalb der Gemeinschaft liegenden Stelle, spricht für eine Sicherungstendenz, ebenso lässt zunächst das Abstreiten der Tat gegenüber einem Tatzeugen (Gott) affektivbedingte vegetative, psychomotorische oder psychische Begleiterscheinungen als Ausdruck heftiger Affekterregung nicht erkennen.

TATGESCHEHEN Zwar findet sich keine direkte zustimmende Kommentierung des Tatgeschehens durch Kain, im Nachtatverhalten realisiert Kain jedoch alle ihn betreffenden Nachteile, wie Flucht (Umherirren), unfruchtbaren Boden am neuen Siedlungsort, vor allem die Furcht, Opfer eines »Bluträchers« zu werden. Diese Furcht wird ihm jedoch von Gott genommen, er wird zu seinem Schutz gekennzeichnet und die Strafe, die denjenigen trifft, der Kain tötet, »wird siebenmal gerächt«.

Aus forensisch-psychiatrischer Sicht liegt jedoch für das Tatgeschehen Kains nach unseren heutigen Kriterien kein Affektdelikt, damit auch keine tiefgreifende Bewusstseinsstörung vor, die ohnehin nur in Ausnahmefällen zu einer Minderung der Steuerungs- und Hemmungsfähigkeit führen kann.

Werner Platz
(erstmals veröffentlicht in der *Jüdischen Allgemeinen* vom 4. Oktober 2010)

BILD
UND
HEIMAT

Geliebt, gequält, getötet–
Mordopfer: Frauen

Remo Kroll /
Frank-Rainer Schurich
Frauenmorde
Vier authentische
Kriminalfälle
aus der DDR

240 Seiten
12,5 × 21 cm · Broschur

9,99 € [D]

ISBN 978-3-95958-243-8

Femizide waren in der DDR ein Tabuthema. Das erfolgreiche Autorenduo Remo Kroll und Frank-Rainer Schurich rekonstruiert vier erschütternde Gewaltverbrechen an Frauen auf Basis der originalen Akten und lässt die Leser minutiös und aufwühlend an der Spurensuche und Aufklärung teilhaben.

www.bild-und-heimat.de

Von Hass erfüllt –
Mörderinnen

Remo Kroll /
Frank-Rainer Schurich
Mörderfrauen
Drei authentische
Kriminalfälle
aus der DDR

224 Seiten
12,5 × 21 cm · Broschur

9,99 € [D]

ISBN 978-3-95958-293-3

Was lässt Frauen im Zustand des Hasses zu brutalen Mörderinnen werden? Dieser Frage geht das erfolgreiche Autorenduo Remo Kroll und Frank-Rainer Schurich nach und schlägt damit ein weithin unterbeleuchtetes Kapitel der DDR-Kriminalgeschichte auf.

www.bild-und-heimat.de